U0630451

县域经济发展中的
宏观政策微观效应研究

刘 洛 著

中国金融出版社

责任编辑：刘　钊
责任校对：李俊英
责任印制：丁淮宾

图书在版编目（CIP）数据

县域经济发展中的宏观政策微观效应研究/刘洛著 . —北京：中国金融出
版社，2022. 11
ISBN 978-7-5220-1394-7

Ⅰ . ①县… Ⅱ . ①刘… Ⅲ . ①县级经济—区域经济发展—经济政策—研
究—中国 Ⅳ . ①F127

中国版本图书馆 CIP 数据核字（2021）第 222032 号

县域经济发展中的宏观政策微观效应研究
XIANYU JINGJI FAZHANZHONG DE HONGGUAN ZHENGCE WEIGUAN XIAOYING YANJIU

出版
发行　中国金融出版社

社址　北京市丰台区益泽路 2 号
市场开发部　（010）66024766，63805472，63439533（传真）
网 上 书 店　www.cfph. cn
　　　　　　（010）66024766，63372837（传真）
读者服务部　（010）66070833，62568380
邮编　100071
经销　新华书店
印刷　河北松源印刷有限公司
尺寸　169 毫米×239 毫米
印张　11. 25
字数　188 千
版次　2022 年 11 月第 1 版
印次　2022 年 11 月第 1 次印刷
定价　48. 00 元
ISBN 978-7-5220-1394-7
如出现印装错误本社负责调换　联系电话（010）63263947

序

财政政策和货币政策具有宏观性质。宏观政策注重全局，把握经济运行中的主要矛盾，具有普遍性。任何宏观政策都必须通过一定的传导机制，基于微观主体的行为反应，影响经济增长的波动。宏观政策的靶向是经济总量，具有高度抽象和概括的特性，但是往往忽略微观经济运行中的重要事实，也必然忽略微观领域中的实体经济差异。财政支出和金融中介是财政、货币两大宏观政策在微观领域现实效应的具体传导，表现出具体经济运行变动。财政支出是政府引导的重要工具，金融中介是市场资源配置的重要手段。金融中介和财政支出都具有引导和配置资源的作用进而影响经济发展。两者协同配置，有利于经济发展；反之，则阻碍经济发展。因此，金融中介和财政支出在县域经济发展过程中具有不可替代的重要作用，其协同效应是影响县域经济发展质量的重要因素。

改革开放 40 多年来，中国经济社会发展取得了举世瞩目的成就，综合国力和人民生活水平不断提高，新型城镇化和乡村振兴不断推进，城乡区域发展格局不断优化，但是也出现了令人担忧的现象。近年来城乡和地区差距持续扩大，农民人均纯收入增长缓慢，县域产业结构升级缓慢。在经历了农村工业化和农村城镇化道路的探索之后，推进城镇化进程成为统筹城乡发展的重点政策。从发展现状和态势来看，城镇居民收入增长速度仍比农村居民收入增长速度要快。日益扩大的城乡差距，表明中国已经成为收入不均状况较为严重的国家之一。人力资本的存量依然偏低，特别是农村地区居民平均受教育年限仍然较低。

县域经济作为一种行政区划型的以县城为中心、乡镇为纽带、农村为腹地的区域经济，是宏观与微观、工业与农业、城市与农村的交汇点，又是统筹城乡经济社会发展战略的切入点和基本操作平台，还是城乡统筹制度创新的重要载体。发展县域经济能够拉动县域经济增长，当然也包括拉动农村经济增长、提升产业结构升级、加速城镇化进程、带动农民就业和增收、促进县域人力资本积累。

刘洛博士所著的《县域经济发展中的宏观政策微观效应研究》一书，以其博士后研究工作报告为基础，构建了县域经济发展的五个方面，将金融、财政与经济发展放在县域这一框架内进行分析，测度了县域金融中介、财政支出与县域经济发展的协同关系。基于中国 31 个省、5 个自治区和 4 个直辖市的 1993 个县域，样本选取 1999—2018 年的面板数据，构建微观领域中金融和财政因素的柯布—道格拉斯生产函数。在县域金融中介与财政支出协同的视角下，运用面板平滑转换模型（PSTR），实证检验了中国县域经济发展的非线性增长的微观效应。研究了县域金融中介与财政支出的协同效应对县域经济发展的作用，在此基础上对金融中介、财政支出与中国县域经济发展微观联动的效果进行评估。

相比现有研究，我认为本专著的主要特点体现在以下三个方面：首先，构建了县域经济发展的五个维度。很多学术研究主要关注县域经济增长，往往将"经济增长"和"经济发展"当作两个相同的概念，经常互相替代使用。本专著明确提出我国县域经济发展不仅是经济总量的增长，而且是质量的提高，更是可持续性发展。把金融、财政与经济发展放在县域这一框架内进行分析，强调县域经济发展的全面性特点，并测度了县域金融中介、财政支出与县域经济发展的协同关系，在研究对象的选择上体现出耦合性。其次，理论模型和实证方法上的创新。以往在县域经济发展的研究方面，主要从单一视角展开，并未给出协同效应的理论和经验证据。而本专著采用了面板平滑转移回归模型，引入县域金融中介与财政支出交互项，检验其影响县域经济发展的协同效应，更加准确地把握县域经济发展的边际效应。其边际效应随着县域金融中介与财政支出的规模和结构的协同发展而递增，从中发现县域经济在转移机制中的动态变化规律，弥补了 PSTR 模型的不足。最后，研究视角上的创新。本研究在县域经济的众多影响因素中，从县域金融中介和财政支出的视角切入，讨论了其协同关系并进行了验证。学者经常使用非线性最小二乘法研究相关性，但是在县域经济发展领域，尤其是县域金融中介、财政支出的协同效应问题并未引起学界注意。本专著在金融、财政协同的视角下，对中国县域经济发展的关系进行了研究。选择县域金融中介与县域财政支出协同视角，着眼于宏观政策在微观领域的具体效应，更加具体表现出传导机制的本源。

刘洛博士进入中央财经大学博士后流动站，从事理论经济学的科学研究，研究专业是政治经济学，研究方向是宏微观经济学。在博士后流动站工作期间，几经磨难，终于"修成正果"。刘洛博士的经济学和管理学基础扎实，对于经济、金融运行规律有比较深刻的理解，特别是对县域经济和农村金融有较深的感悟，动手能力强，工作勤奋刻苦，具有极强的事业心。在博士后流动站工作期间，刘洛博士出版了30万字的《小微贷款客户经理工作绩效系统性研究》一书，本专著也即将出版；先后在学术期刊上发表了五篇学术论文，其中四篇刊载于核心期刊（CSSCI），可以说是成果满满，收获颇丰。我相信，刘洛博士凭借其良好的专业素质和发展潜力，在经济发展与政策方面的研究领域能有所建树。

在本专著即将付梓之际，作为刘洛博士在中央财经大学博士后科研流动站的博士后合作导师，我非常荣幸为之作序。希望本专著的出版，能为学术界构建金融中介和财政支出二者良性互动的政策研究框架提供理论依据，能为更好地推动县域经济健康发展提供政策建议，为中国振兴乡村和统筹城乡经济社会发展做出贡献。

张铁刚

中央财经大学经济学院教授、博士生导师

2021 年 9 月 10 日

摘　要

县域经济是国民经济的基本单元。县域经济发展能够从根本上解决中国城乡差距和"三农"问题，县域经济发展与乡村振兴具有内在的耦合性，尤其是县域经济发展包含的县域城镇化进程、农民人均纯收入增长等五个方面。因此，健康推进县域经济发展，对于中国建成富强民主文明和谐美丽的社会主义现代化强国具有决定性意义。县域经济在整个国民经济中处于重要位置，科学、全面发展县域经济离不开县域金融、财政支持。在任何经济体中，财政政策与货币政策均存在相互搭配使用，并通过一定的传导机制，引导市场主体参与经济活动的情况，具体表现在微观领域的现实效应就是金融中介和财政支出协同程度。两者协同，则均衡配置，可以促进经济发展；反之，则制约经济发展。

一、县域经济发展的五个方面

县域经济发展不仅是经济总量和数量的增长，还是质量和品质的提高，更是经济社会的全面发展。县域经济可以带动城乡协调发展，从而推动乡村振兴。县域经济发展以县域产业升级和农民人均纯收入增长为基本落脚点，是促进县域城镇化进程和城乡统筹发展的必由之路，更是以人为本、全面、协调、可持续的发展。因此，县域经济发展包含五个方面，即县域经济增长、县域产业结构升级、县域城镇化进程、农民人均纯收入增长和县域人力资本提升。

二、县域经济发展的协同效应

本书通过拓展的经济增长模型，构建包括金融、财政子行业的柯布—道格拉斯生产函数。利用 1999—2018 年中国 31 个省、5 个自治区和 4 个直辖市的面板数据，选择我国 1993 个县域的相关经济指标，基于县域金融中介和财政支出协同的视角，采用面板平滑转换回归模型（PSTR）方法，实证研究县域金融中介、财政支出和县域经济发展的非线性关系，检验县域金融中介和财政支出的协同效应对县域经济发展的影响。

第一，中国县域金融中介、财政支出对县域经济发展效应存在着非线性的机制转移特征，不仅表现在金融中介和财政支出的规模上，也反映在金融中介与财政支出的结构上。在协同门槛阈值前后，县域金融中介和财政支出对县域经济发展影响表现出不同的效应。在门槛阈值前，处于非协同区制，随着金融中介和财政支出的发展，对县域经济发展的影响始终表现为抑制。跨越协同门槛阈值后，处于协同区制，随着金融中介和财政支出的发展，对县域经济发展的影响由阻碍抑制转变为促进，并且促进效应随着县域金融中介和财政支出发展水平的提升而逐渐增强。目前，中国绝大多数县域处于由阻碍机制转向协同机制阶段，平滑转移效应非常平缓。

第二，在县域经济发展中，县域金融中介和财政支出两者投入的总量与结构的协同水平，在不同程度上对县域发展产生不同的影响效应。在县域经济发展中，其非线性的机制转移特征要依赖于两个基础，一是以金融中介、财政支出之和与县域 GDP 的比值规模为基础；二是以金融中介与财政支出之比值为基础。其中，县域经济增长的协同效应是存在的，县域金融中介、财政支出的规模协同阈值为 69.9213%，结构协同阈值为 3.9394 倍；县域产业结构升级的协同效应是存在的，县域金融中介、财政支出的规模协同阈值为 84.70%，结构协同阈值为 4.3802 倍；县域城镇化进程的协同效应是存在的，县域金融中介、财政支出的规模协同阈值为 85.65%，结构协同阈值为 4.5001 倍；农民人均纯收入增长的协同效应是存在的，县域金融中介、财政支出的规模协同阈值为 74.39%，结构协同阈值为 4.1021 倍；县域人力资本提升的协同效应是存在的，县域金融中介、财政支出的规模协同阈值为 78.46%，结构协同阈值为 3.5047 倍。

三、其他因素的影响效应

本书为防止因控制变量过多而出现多重共线性的问题进而影响检验结果，故选取相关系数不高的县域固定资产投资水平、县域劳动力就业水平、县域物价增长指数和县域人口增长率变量作为其他控制变量。

县域固定资产投资水平与县域经济增长、县域产业结构升级、县域城镇化进程、农民人均纯收入增长和县域人力资本提升始终呈现正相关，但是进入金融、财政的协同区制，县域固定资产投资能够更加显著地促进县域经济发展，同时也能提升投资边际回报率。这说明，只要在县域提高固定资产投资率,就能够提高县域人均资本存量(包括农民),能够跨越协同,促进县域经济发展更加显著。

县域劳动力就业水平始终对县域经济增长、县域产业结构升级、县域城镇化进程、农民人均纯收入增长和县域人力资本提升产生正面效应,仅仅在两个区制,在显著性上有所变化。结果表明,劳动力就业水平对县域经济发展的非线性影响受协同门槛的影响很弱。劳动力就业能力是县域劳动者适应工作环境的能力、处理人际关系的能力、自我管理能力、决策引导能力和对现实资源的利用能力等的综合体现。而劳动力的就业水平代表县域经济社会发展所创造的新的就业机会,对县域劳动力的综合知识和能力形成了一定的需求。因此,劳动力的就业水平始终促进县域经济发展,保持合理的比率才能有效促进农村剩余劳动力转移,实现城乡统筹发展。

当金融中介、财政支出从非协同区制跨越到协同区制,县域物价增长指数影响县域经济增长、县域产业结构升级,与县域城镇化进程由呈负相关变为正相关,且不显著。物价增长指数始终阻碍县域人力资本提升,却一直有利于农民人均纯收入增长。这说明只要提升县域金融、财政的发展协同水平,适度的通货膨胀有利于县域经济增长、县域产业结构升级、县域城镇化进程和农民人均纯收入增长。对于县域人力资本提升方面,政府出台针对人力资本积累的优惠政策,完全可以兼顾县域经济发展的五个方面。

在两区制,县域人口增长率始终与县域产业结构升级呈负相关,却一直与县域城镇化进程呈正相关。县域人口增长率对县域经济增长、农民纯收入增长和人力资本提升存在微弱的门槛效应。这预示着县域人口增长率与县域经济发展呈现出复杂的非线性关系。人口增长是县域经济社会发展面临的重要问题,应时刻把握金融与财政的协同机制,提高县域人口素质,促进人口适度增长。

理论与实证结果显示,促进中国县域经济发展应该基于县域金融中介和财政支出协同水平。一味加大县域金融机构的信贷投放,促进县域经济发展的政策未必有效;盲目扩大县域财政支出,推动县域经济发展同样未必可行。决策层必须高度关注县域金融中介和财政支出的协同效应,尤其要研究两者机制转移的规模协同和结构协同。实证检验发现,目前,中国绝大部分省份绝大多数年份县域金融中介和财政支出规模与结构均没有达到协同标准,这说明现阶段我国县域金融中介、财政支出总量增长和结构调整对县域经济发展的作用还未转入协同区制,目前仍具备较大的金融、财政推动县域经济发展的空间。因此,在县域经济发展中,金融、财政协同效应在自然地理和社会经济方面不具有明显差异，而是应归结于中国县域政府执行政策的差异。所以，制定支持县域经济政策时，县域政府一定要充分考虑这一特性，打破各自为政、独立运作的模式，因地制宜、有的放矢地制定相关政策和制度。

关键词：金融中介和财政支出；县域经济发展；PSTR 模型；协同效应

符号表

Q:	产出值
L:	投入劳动
K:	资本存量
A:	效率参数
y_{ij}:	县域经济发展
F_{ij}:	金融、财政
CFI_{ij}:	县域金融中介
PFE_{ij}:	县域财政支出
$OCV_{j,it}$:	其他控制变量
j:	控制变量的个数
PERT:	面板平滑转换回归模型
γ:	斜率系数
c:	转换发生的位置参数
μ_i:	地区间差异的非观测效应
ε_{it}:	随机扰动项
m:	转换函数 $h_z(q_{it}; \gamma, c)$ 含有位置参数的个数
IGP_{it}:	县域经济增长
CIU_{it}:	县域产业结构升级
FR_{it}:	县域农民人均纯收入增长
HCE_{it}:	县域人力资本提升
AST_{it}:	县域固定资产投资水平
LAB_{it}:	县域劳动力就业水平
RPI_{it}:	县域物价指数增长率
POP_{it}:	县域人口增长率
SCC_{it}、STC_{it}:	协同模型 17 的转换变量
AT_{it}、RT_{it}:	协同模型 18 的转换变量

SCT_{it}、STT_{it}:	协同模型 19 的转换变量
SIZ_{it}、STR_{it}:	协同模型 20 的转换变量
SCA_{it}、STR_{it}:	协同模型 21 的转换变量
$CFI_{it} \times PFE_{it}$:	金融中介与财政支出的交互项
l_j:	规模协同的门槛阈值
l'_j:	结构协同的门槛阈值
s_j:	规模协同的斜率弹性系数
s'_j:	结构协同的斜率弹性系数
Logistic:	协同模型的平滑转换函数曲线
LM、LM_F、LR_T:	统计量
AIC:	赤池信息准则
BIC:	贝叶斯信息准则
RSS:	残差平方和
$p\text{-}value$:	原假设为真的前提下出现观察样本的概率

目　录

1 绪 论

本章首先阐述了研究背景、研究目的与选题意义，并对本书运用的基本理论和研究方法加以介绍；其次归纳本书的研究思路，包括研究框架和技术路线图；最后总结本书的主要创新之处，为后续章节的分析展开奠定基础。

1.1 研究背景、研究目的与选题意义

县域经济作为一种行政区划型的以县城为中心、乡镇为纽带、农村为腹地的区域经济，是宏观与微观、工业与农业、城市与农村的交汇点，又是统筹城乡经济社会发展的切入点和基本操作平台，也是城乡统筹制度创新的重要载体。发展县域经济能够拉动县域经济增长，当然也包括农村经济增长；提升产业结构升级；加速城镇化进程；带动农民就业和增收；并且促进县域人力资本积累。改革开放 40 多年来，我国经济社会发展取得了举世瞩目的成就，综合国力和人民生活水平不断提高，新型城镇化和乡村振兴不断推进，城乡区域发展格局不断优化，但是也出现了令人担忧的现象，近年来城乡和地区差距持续扩大，县域产业结构升级缓慢。在经历了农村工业化和农村城镇化道路的探索之后，推进城镇化进程成为统筹城乡发展的重点政策。从发展现状和发展态势看，城镇居民收入仍将比农民收入以更快的速度增长，城乡间日益扩大的收入差距，使中国已经成为收入不均状况较为严重的国家之一。人力资本的存量依然偏低，特别是在农村地区居民平均受教育年限仍然较低。财政支出是政府引导的重要工具，金融中介是市场资源配置的重要手段。因此，金融中介和财政支出在县域经济发展过程中具有不可替代的重要作用，其协同效应是影响县域经济发展质量的重要因素。

1.1.1 研究背景

县域经济是以县城为中心、乡镇为纽带、农村为腹地的区域经济，属于区域经济范畴。它包括城镇经济和农村经济，是城镇经济和农村经济在县域的有机结合。县域经济不仅是国民经济的重要构成部分，而且也是国民经济最基本的运行单元，是国家政策最主要、最直接的操作平台。县域经济承接镇域经济和省域经济，在我国社会经济中占据十分重要的地位，其发展的质量高低直接关系到我国工业化、城镇化和农业现代化的总体进程。县域经济是国家经济整体发展的坚实支撑。

县域主要覆盖乡镇及广大的农村区域，具有以农业和农村经济为主的特点，因此，县域经济的产业结构不同于国民经济整体的产业结构。在县域经济增长中，其产业结构中的农业比重相对较大，而工业和服务业比重相对较小，整体的产业发展水平落后于全国整体国民经济水平，产业结构的升级速度慢于整体国民经济的产业升级速度。另外，县域覆盖广大农村区域，因此其二元经济结构更加典型，生产率差异较大。这些因素导致县域经济增长中的结构红利应该大于同期国民经济整体中的结构红利。由于县域的产业结构水平低于整体国民经济的产业结构水平，但处于快速发展阶段，升级速度明显快于国民经济整体水平，因此未来的升级空间很大，由此决定的"结构红利"的潜力也很大。

当前中国的城市化已接近中期阶段，大中型城市凭借自身超强的集聚能力和规模效应，在区域空间内广泛吸纳各种要素，促进了城市经济更加繁荣发展和充分就业。的确，大中城市的规模和集聚效应明显优于小城市，但是，在这种经济繁荣下，也造成大中城市一系列生存环境的恶化。一方面，扩大了城乡、地区差距，损害了社会公平和正义；另一方面，也形成了一些"棚户区"，还存在严重的社会不稳定因素。20世纪80年代中期，政府着力推动小城镇建设，乡镇企业发展如火如荼，带动了大量农村剩余劳动力转移。但由于小城镇的集聚效应差，难以实现规模经济，对于第三产业带动能力弱。在推动小城镇建设中，资源浪费严重和生态环境破坏严重。在中国城市化道路的选择上，实践证明农村的工业化和城镇化是走不通的。随着县域工业化发展，非农产业不断向县域城镇集聚，农村人口不断向非农产业和城镇转移，同时农村地域也向城镇地域转化。县域城镇数量增加和规模扩大，导致城镇生产方式和生活文明向农村传播，有利于实现振兴乡村战略和巩固拓展脱贫攻坚成果。

　　农业、农村和农民问题始终是实现百年奋斗目标的大问题。"三农"的核心问题是农民，解决农民问题的关键是保持农村经济的持续健康发展，其中必须实现农民人均纯收入持续增长，才能统筹城乡发展、缩小城乡收入的差距。改革开放40多年来，中国农民人均纯收入稳定增长。但是伴随着着力提升发展质量效益，保持经济持续健康发展的指引，尤其是自20世纪90年代以来，农民收入增长缓慢，城乡居民收入差距越来越大。农民增收以及缩小城乡收入差距是解决"三农"问题的根本所在，也是我国持续增进民生福祉、扎实推动共同富裕的重要路径。只有提高农民人均纯收入，才能从根本上消除城乡收入差距，使农民人均纯收入增长与国内生产总值增长基本同步。农民收入增长的源泉正在发生深刻变化，农民人均纯收入增长逐渐转向非农业收入的增长。

　　改革开放以来，伴随着中国经济的迅速发展，人力资本水平也有了显著的提升。突出表现在人口素质的不断提升，劳动年龄人口平均受教育年限从1985年的6.38年，上升到2018年的10.5年（2013年为9.048年）。虽然我国整体人口受教育年限获得重大提升，但是县域农村人口平均受教育年限仍然较低。农村人口平均受教育年限在1985年为5.09年；到2006年，其人口平均受教育年限为7.26年，均远低于全国平均水平。因而，提升农村人力资本及积累水平，不仅是解决当前"三农"问题的需要，更是实现城乡均衡发展的需要。由于县域地区家庭包括农民家庭，均将大部分支出用于生计需求，导致用于人力资本提升的教育支出相对较少。农村新增劳动力中，大专以上技术人才仅占3.5%，中专、技校和职业高中毕业生占14.5%，接受过初中教育的占46%。有36%的新增劳动力还达不到初级技术所要求的文化程度。高素质的农村劳动力往往有能力转移到农业以外的其他生产部门，而低素质的农村劳动力仅仅成为一种体力资本，在物质资本相对缺乏的情况下，这种体力资本只能形成庞大的剩余劳动力滞留在农村，滞留在农业生产中。同时，由于社会保障制度不完善，城乡医疗体制存在着巨大的差距，大量农村劳动力治病就医难，严重影响了其健康状况。农村人力资本存量不足，严重制约了农民增收，扩大了城乡收入差距。

　　货币政策和财政政策是政府干预宏观经济最重要、使用最频繁的两大政策工具，它们与宏观经济运行的关系一直受到重视。西方经济理论界一直将货币政策和财政政策对宏观经济运行的调控问题作为宏观经济学的核心问题。不同经济发展时期的宏观经济政策所依据的理论不同，从凯恩斯主义到新古典学派，再到内生经济理论，采取财政政策和货币政策的程度存在很大差别。从各国的实践经验来看，政府有效调控经济运行的两大手段不能割裂开来，财政政策和货币政策只有配合使用，才能发挥其经济增长效应。财政政策和货币政策具有宏观性质，宏观政策注重全局，把握经济运行中的主要矛盾，具有普遍性。任何宏观政策都必须通过一定的传导机制，基于微观主体的行为反应，形成经济增长的变动。宏观政策高度抽象和概括，往往忽略微观经济运行中的重要事实，也必然忽略微观领域中的实体经济差异。金融中介和财政支出是财政、货币两大宏观政策在微观领域现实效应的具体传导，表现出具体经济运行变动。金融中介和财政支出都具有引导和配置资源来推动经济发展的作用，其协同配置可以有利于经济发展，反之，则阻碍经济发展。

1.1.2　研究目的

　　财政政策和货币政策是现代国家进行宏观调控的最主要手段。其中财政政策注重经济总量调节，而货币政策作用于交易激励，两者具有的宏观性质，在国民经济中发挥着重要作用。金融中介和财政支出是宏观政策在微观领域传导效应的具体表现，两者在微观领域的共性在于各自通过影响资源配置推动经济发展，其协同程度直接影响经济发展的效果。本书基于中国 31 个省、5 个自治区和 4 个直辖市的面板数据，圈定中国 1993 个县域的相关经济指标，构建微观领域中金融和财政因素的柯布—道格拉斯生产函数。在县域金融中介与财政支出协同的视角下，运用面板平滑转换回归模型（PSTR），实证检验我国县域经济增长的非线性微观效应，翔实地分析了县域金融中介与财政支出对县域经济发展的地区差异。在此基础上，对我国县域经济发展微观联动的效果进行了评估。在县域金融中介和财政支出推动县域经济发展效应方面，可能存在明显的机制转移特征，其推动和阻碍作用不是一成不变的，可能依赖两者的协同效应水平。政府一味扩大县域财政支出，促进县域经济增长不一定有效；银行无限增加县域信贷投放，推动县域经济发展也未必可行，要关注两者的协同状况。现阶段，扶持县域经济发展必须建立长效机制，只有政府和银行充分互动，才能更有效地促进县域经济科学发展。以上研究对于决策层有一定的政策启示作用。

1.1.3　选题意义

　　县域经济承接镇域经济和省域经济，在我国社会经济中占据十分重要的地位，其发展的质量高低直接关系到我国工业化、城镇化和农业现代化的总体进程。县域经济发展是国家经济整体发展坚实的支撑。对于县域金融中介、财政支出与县域经济发展的研究是前沿性的理论与实践课题，也是中国城乡统筹、乡村振兴中的热点课题，具有重大的理论意义和现实意义。

首先，"经济增长"和"经济发展"两者之间有着根本的差别。特别是在县域经济领域，它们的内涵和外延有着很大的差异。中国县域经济发展不仅是经济产出总量的增长，也是质量的提高，还是可持续发展，更是县域经济社会全面和协调发展。县域经济发展是以市场为基础、若干种要素资源配置的经济，当然也包括金融资源和财政资源。县域经济发展离不开金融中介和财政支出，金融中介提供信贷资金、理财保险、货币收支结算和信息咨询等方面的支持；财政支出可以促进总需求的增加，通过乘数效应，带动经济增长。内生增长理论认为劳动力、资本和技术进步在经济增长中发挥着关键作用。所以，县域金融中介和县域财政支出与县域经济之间有着内在联系，是互动协同关系。由于金融中介和财政政策的制定和执行分属于不同的部门，所以在基本目标、管理体制和运行机制等方面都存在很大差异。在中国的县域经济发展中，金融中介和财政支出政策制度尚未形成有效协同，是按照各自的资金配置原则独立运行，这是导致金融中介和财政支出资金之间协调不畅的根本原因。金融中介、财政支出在微观领域的共性在于各自通过影响资源配置以推动经济发展，两者的差别在于前者注重总量调节，后者主要作用于交易激励。金融中介和财政支出之间具有明显的互补和协同效应，通过有效耦合，可以构建二者良性互动机制。基于此，本书拟在中国县域经济发展中，分析县域金融中介和财政支出的协同效应，以期为推动县域经济发展提供政策建议。

其次，目前，关于县域金融中介和财政支出与县域经济发展之间协同关系的研究还处于空白状态，大部分研究仅仅是研究单一关系，或未考虑它们之间的非线性效应和协同机制，没有从微观的层面揭示县域经济变量的行为特征及其相互关系。实证时多以截面数据为主，较少涉及动态面板数据，对县域经济增长的影响尚未有系统的理论分析和实证研究，这无疑会使结论的可信度降低。县域金融中介、财政支出对县域经济发展有显著影响，那么这些影响究竟是线性的还是非线性的？如果是非线性的，那么拐点位于何处，有何经济含义？研究这些问题，可以加深对金融中介、财政支出和县域经济发展之间的非线性效应分析。同时，本书在回归模型中引入交互项，更为深入地刻画出县域金融中介、财政支出和县域经济发展三者之间的动态协同机制。

最后，关于县域经济发展的相关性研究大多是以中国整体或区域作为研究样本。我国幅员辽阔，区域经济发展极不平衡，将中国金融、财政整体作为样本，研究范围过大，容易忽视县域经济发展影响的比较机制和协同效应。另外，在分析县域经济发展时，大多数研究将农村金融、财政的区域作为样本，这样的研究范围过小。农村金融或财政仅仅促成资本形成于第一产业，容易掩盖其内部的传导机理，且难以解释发展的变动规律。县域经济作为联系城乡的关键节点，一方面兼顾城市化与城乡一体化，另一方面也兼顾效率与公平、统筹城乡发展和区域协调发展。因此，将中国1993个县域作为样本数据，对于研究城乡统筹和"三农"问题更有意义。

1.2 基本理论和研究方法

理论是对规律认识的提炼和总结，研究县域经济发展离不开基础理论的支撑。本书运用国内外相关的理论和科学的研究方法，以期发现县域金融、财政与县域经济发展的关系，为下文的理论分析与实证检验奠定基础。

1.2.1 基本理论

金融中介、财政支出与县域经济发展之间的关系是区域经济增长整体理论研究框架的一个分支，涉及金融发展理论、经济增长理论和产业发展理论，依托众多学科，包括货币经济学、金融发展理论、财政学以及相关理论成果。

第一，本书运用国内外区域经济发展理论在实践中形成的各种模式进行对比分析，明确了县域经济发展的科学内涵。本书以区域发展理论、区域测度与评价理论为主，充分吸收借鉴以往的研究成果，突出可持续发展、和谐发展和全面发展，运用系统分析、过程分析、对比分析等理论和方法，研究和确立了县域经济发展科学内涵。第二，运用金融发展理论探索金融发展与经济增长之间的相互关系，分析金融在经济增长过程中的传导机制，以实现金融中介的可持续发展并最终实现县域经济发展。第三，运用内生经济增长理论，将财政支出纳入生产函数，分析财政支出对经济增长产生的边际贡献。另外，内生经济增长理论通过使用更广义的资本概念，即物质资本和人力资本，克服了新古典增长模型中的边际报酬递减趋势，通过人力资本和知识外溢达到内生的技术进步，从而促进经济增长。第四，运用二元结构理论和改造传统农业理论，剖析农民收入结构和增长源泉，农民增收不再是一个简单的农业问题，也非"三农"问题所能涵盖，而是与经济发展相关联的一系列问题。同时运用非均衡发展理论，整合县域金融中介、财政支出两股力量，大力推进县域城镇化进程，以优惠政策促进农村人口向包括城关镇在内的中心城镇集聚，以低成本的农村"城镇化"和自治性质的乡村治理结构来逐步缓解"三农"问题。第五，在配第克拉克定理相关研究的基础上，运用金融中介、财政支出对产业结构的演进影响理论，按照标准产业结构的理论分析不同县域金融财政对县域经济体的资源要素禀赋配置不同，其协同程度也不尽相同。最后，运用制度变迁理论和借用技术理论，分析得出造成县域金融中介与财政支出处于非协同区制的原因是缺乏制度创新，而不是地区差异。在县域经济发展中，宏观政策的微观效应必须做到县域金融中介与财政支出规模、结构协同。如何能实现协同，那就需要决策层创新制度。

1.2.2 研究方法

科学的理论建立在科学的研究方法之上，运用科学的方法研究问题是研究取得成功的关键。鉴于本研究的交叉性、综合性和复杂性等特征，本书将以现代区域经济理论和货币财政理论为指导，在多种研究方法相结合的基础上完成。归纳起来，本书应用的研究方法主要有：

第一，文献分析与比较分析相结合。收集整理国内外关于区域经济发展以及金融、财政与经济发展关系的相关研究文献，并从历史的角度对比分析不同时期不同国家的区域经济发展和金融财政对经济发展影响的实践。

第二，定性理论分析与定量实证检验相结合。定性分析借以普遍性的理论研究为基础，对金融中介与县域经济发展以及财政支出与县域经济发展的机理进行分析；定量分析基于数理模型的拓展，运用数据平台与计量经济学的研究方法，对定性分析的理论分析进行检验，并对其中的误差做出校正，避免单一分析手段的部分性缺陷以及可能引起的研究偏误，以求更为全面地揭示县域金融中介、财政支出与县域经济发展之间的关系。

第三，归纳与演绎相结合。利用国内外区域经济发展成果，归纳总结中国县域经济发展的规律，同时通过对中国县域金融中介财政支出与县域经济发展单一关系理论的梳理与思考，探求适合中国县域经济发展的金融中介与财政支出的协同效应。

1.3　研究思路

本书首先分析区域经济发展的现有理论，归纳出我国县域经济发展的科学内涵，指出县域经济发展包括五个方面；其次从理论层面分析县域金融中介、财政支出与县域经济发展的关系，并且将柯布—道格拉斯生产函数进行拓展，建立了包含金融财政子产业的协同模型；再次通过实证研究深入解析协同关系的作用机理，在此基础上，分析金融中介、财政支出与县域经济发展非线性的协同效应；最后提出政策建议和下一步研究方向。

1.3.1　本书架构

本书架构：第一部分是引言，介绍本书的写作背景；第二部分是相关文献综述及评述；第三部分介绍本书研究变量和数据统计分析；第四部分是实证结果和分析；第五部分是本书的结论及政策建议。

本书共由七章构成，主要包括以下内容。

第一章为绪论。主要是对本书的研究背景、研究目的与选题意义、研究内容和方法进行阐述，明确本书的研究重点和创新的预期目标。

第二章为相关理论与文献评述。主要是对国内外区域经济发展理论与模式进行综述，阐述县域经济发展基本理论和科学内涵，对比分析其特征，以资参考借鉴。从县域经济的五个方面，分别综述县域经济发展与县域金融中介、财政支出的相关性。并且对国内外研究现状做出评述。

第三章为理论分析与数理模型。本章从金融中介和财政支出的概念、功能出发，分析县域经济发展中的传导机制。论述县域金融中介、财政支出与县域经济发展五个方面的相关关系，揭示了金融中介、财政支出促进县域经济发展的作用机理。在金融、财政与经济发展的现有成果与理论分析的基础上，拓展柯布—道格拉斯生产函数，采用面板平滑转换回归模型方法，构建包括县域金融中介、财政支出和县域经济发展的协同模型。

第四章为样本选取与描述统计。在上一章构建的协同模型基础上，说明选择研究样本、数据来源及基本指标的具体处理过程，并对中国县域经济发展各项指标进行描述性分析。

第五章为实证检验结果及分析。本章采用中国31个省、5个自治区和4个直辖市的样本数据，搜集了1993个县域的经济相关数据，样本选取1999—2018年的面板数据，构建宏观经济中微观领域的经济发展模型，包含金融和财政因素的柯布—道格拉斯生产函数。基于县域金融中介与财政支出协同的视角,运用面板平滑转换模型,实证检验了中国县域经济增长的非线性增长的微观效应。本章基于县域金融中介与财政支出的协同视角,运用面板平滑转换回归模型(PSTR 模型),在非线性的框架下,实证研究了县域经济发展的五个理论模型。为了进一步确定模型估计的可信度,本书采用两种不同方法对模型的估计结果进行了稳健性检验。

第六章为中国县域经济发展的协同效应分析。本书从县域经济发展的五个方面出发,即从县域经济增长、县域产业结构升级、县域城镇化进程、县域农民人均纯收入增长和县域人力资本提升的角度出发,翔实分析了县域金融中介、财政支出协同程度对县域经济发展的影响效应。同时,在不同的协同水平上,考察控制变量对县域经济发展的影响效果。根据上一章的估计结果,本章进一步分析县域经济发展中的金融中介、财政支出协同效应的地区差异。

第七章为结论、政策建议与展望。本章在对前面各章相关理论、实证和效应分析的基础上,对全书主要研究内容加以总结,并基于理论分析与实证研究结果,对中国县域经济发展情况进行分析,针对县域金融中介和财政支出发展中的协同效应提出相应政策建议。最后,指出本研究的局限与不足,对今后的研究方向提出展望。

1.3.2 技术路线图

本研究的基本思路是:定性分析→建立模型→搜集数据→参数估计→模型检验→定量评价→政策建议。本书的技术路线图如图 1-1 所示。

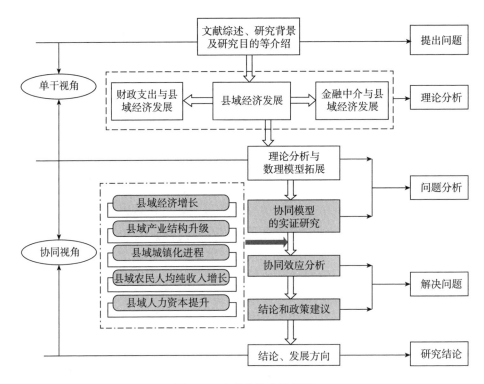

图 1-1 本书的技术路线图

1.4 本书的创新点

本书在已有成果的基础之上，利用较新和丰富的数据资源，运用最新的计量经济的方法，进一步完善县域经济发展理论，使县域经济理论研究更加系统化、规范化。在研究中力求创新，大胆做出非常有益的尝试和探索。本书的主要创新之处在于：

首先，构建了县域经济发展的科学维度。运用经济社会全面发展的思想，构建了县域经济发展研究的科学维度。我国县域经济发展不仅是经济总量的增长，而且是质量的提高，更是可持续发展。本书将金融、财政与经济发展放在县域这一框架内进行分析，强调县域经济发展的全面性特点，并测度了县域金融中介、财政支出与县域经济发展的协同关系，在研究对象的选择上体现出耦合性。对县域经济的相关性而言，已有研究主要关注县域经济增长，往往将"经济增长"和"经济发展"当作两个相同的概念，经常互相替代使用。在可得的文献中未见测度县域经济发展五个方面的研究。因此，本书的研究对象属于创新。

其次，理论模型和实证方法上的创新。本书对柯布—道格拉斯生产函数的模型进行了拓展，构建了包含金融中介和财政支出的经济发展模型，该模型成功刻画了县域金融中介、财政支出对县域经济发展的非线性转移特征，证明了以县域金融中介、财政支出推动县域经济发展的协同效应。在县域经济发展方面，已有文献主要从单一视角展开，并未给出协同效应的理论和经验证据，本书的理论模型体现了较强的针对性，有一定的创新。本书采用了面板平滑转移回归模型，引入县域金融中介与财政支出交互项，检验其影响县域经济发展的协同效应，更加准确把握了县域经济发展的边际效应，其随着县域金融中介与财政支出的规模和结构的协同发展而递增，从中发现县域经济在转移机制中的动态变化规律，弥补了 PSTR 模型的不足。

最后，研究视角上的创新。本书在县域经济的众多影响因素中，从县域金融中介和财政支出的视角切入，讨论了其协同关系并进行了验证。学者经常使用非线性最小二乘法研究相关性，但是在县域经济发展领域，尤其是县域金融中介、财政支出的协同效应问题并未引起学界注意。本书在金融、财政协同的视角下，对中国县域经济发展的关系进行了研究。选择县域金融中介与县域财政支出协同视角，着眼于宏观政策在微观领域具体效应，更加具体体现出传导机制的本源。

2 相关理论与文献评述

2.1 区域经济发展研究综述

区域经济理论最早可以追溯到 19 世纪初创立的区位理论，古典的区位论在德国经济学家韦伯、廖什和地理学家克里斯·泰勒的研究发展下，于第二次世界大战后，形成了区域科学方向和人文地理学的区域分析方向，这两个方向既相互联系而又有所区别，到 20 世纪四十年代形成较为完整的理论体系，在 20 世纪六七十年代获得了迅速发展。西方经济学家们跳出区位论的理论限制，根据凯恩斯的理论，开始用宏观经济学的分析方法来研究区域问题，形成了经济学的一门新的分支学科——区域经济学。

2.1.1 国外相关研究理论

自 Johan Heinrich von Thunnen （1826） 首次系统地阐述了农业区位理论的思想以来，至今将近 200 年了。国外对区域经济发展的研究已经相当成熟，区域经济发展理论的深度和广度极大提升，并形成了比较完整的理论体系。

1. 区域经济增长理论

促进经济持续增长是县域经济发展的基本前提，所以，经济增长理论是县域经济发展的重要理论支点。早期的经济发展阶段理论大多属于产业结构变动理论在区域层面的应用。一些西方学者在国家统计层面发现，在经济增长过程中，第一产业相对的重要性下降，而第二和第三产业相对的重要性上升。因此，他们认为部门结构相对重要性的变动会带动经济增长（Fisher，1935；Clark，1969）[1][2]。区域经济发展需经历五个阶段（Hoover 和 Fisher，1949）[3]，即自给自足经济阶段、乡村工业崛起经济阶段、农业生产结构变迁阶段、工业化阶段和服务业输出阶段。在宏观经济层面上，Rostow（1960）[4] 提出了经济增长需经历五个阶段，即传统社会阶段、"起飞"准备阶段、起飞阶段、成熟阶段和高额消费阶段。

2. 二元经济结构理论

二元结构的概念最早出现在社会学中，提出社会特征是由相互依存的社会精神、组织形式和技术共同决定的。当具有特定社会精神、组织形式和技术的不发达国家引进资本主义的社会精神、组织形式和技术时，传统社会的均质性破裂，社会结构呈现出二元性（Bocke，1953）[5]。Lewis（1954）[6] 将二元经济结构概念发展为二元经济理论，先后出现在他的《劳动力无限供给条件下的经济发展》和《经济增长理论》两本著作中。在落后国家，弱小的资本主义部门与相对强大的传统部门并存形成社会的二元经济结构，前者资本相对充足，实行竞争，产生利润，工人得到自己的边际产品；后者资本相对稀缺，没有竞争，不产生利润，人们如果要维持生计，必须要消费多于边际产出的产品。John C. H. Fei 和 Gustav Ranis 改进了刘易斯的二元经济结构理论，提出了从动态角度研究农业和工业均衡增长的二元结构理论。Fei J 和 Ranis G（1974）[7] 认为因农业生产率提高而出现的农业剩余是农业劳动力流入工业部门的先决条件。二元经济是处于农业经济和现代经济之间的一个历史时期，从农业经济阶段过渡到现代增长阶段，主要标志就是农业剩余劳动力的转移状况，二元经济又强调现代工业部门与农业部门的平衡，以使农业部门所提供的农业剩余刚好能满足工业部门对于农产品的需求，同时还将劳动力转移速度快于人口增长速度作为改造二元经济结构的必要条件，并且十分重视技术进步在经济发展中的作用，认为技术进步与资本同样是促进生产率提高的根本途径。

改造传统农业理论是 Theodore W. Schultz（1964a）[8] 提出的，用收入流价格理论解释了传统农业停滞落后、不能成为经济增长源泉的原因。其理论的关键是引进新的现代农业生产要素，这些要素可以使农业收入流的价格下降，从而使农业最终成为经济增长的源泉。新经济增长理论认为促进整个经济增长的关键是技术的变化，技术的变化就是生产要素的增加。所以，改造传统农业的根本途径是应当对农业进行技术引进，包括技术本身、农业制度；发展中国家应当向农民投资，包括发展农村教育事业，以改善农村的人力资本结构。

借用技术理论。落后地区可以通过借用先进地区的技术来发展经济，一个地区工业化开始的时间越晚，可向其他地区借用的技术就越多，其发展速度也就会越快；发展的机制就潜在于表面的落后之中；技术和体制的变化是由反映产品需求、初始资源条件以及与经济发展过程有关的资源积累等经济因素诱导的；有效地实现技术借用，落后地区就有可能实现对先进地区的赶超。（速水佑次郎，1985）[9]

2. 均衡、非均衡经济发展理论

区域均衡发展理论是发展经济学中关于发展中国家经济发展模式或战略的一种理论，在发展经济学中称之为平衡增长理论，它产生于20世纪40年代初。"平衡增长"是指在整个工业或国民经济各个部门中同时进行大规模的投资，使工业或国民经济各部门按同一比率或不同比率全面得到发展，以此来彻底摆脱贫穷落后面貌，实现工业化或经济发展。随着生产要素的流动，区域间的经济发展水平将趋于平衡和收敛，西方均衡发展理论主张采取静态分析方法，将资金同时并全面地投资到工业、农业、消费品生产、资本品生产等各个国民经济部门，使各产业均衡发展、齐头并进，以彻底改变落后的经济结构，从而实现区域经济的均衡发展。Rosenstei Rodan（1943）[10] 认为，发展中国家和地区应该通过对国民经济各个部门大规模投资，促进均衡增长，从而推动国民经济全面发展。Rangnar Nurkse（1953）[11] 认为由于发展中国家的人均收入低，投资的资金供给（储蓄）和产品需求（消费）不足，限制资本形成，使发展中国家和地区长期陷入贫困[2]。Leeibenstein（1957）[12] 提出，发展中国家和地区只有经济达到一定水平，冲破低水平均衡状态，才能取得长期的持续增长。

新古典经济学一直是西方经济学发展的主流，而均衡既是新古典经济学基本的分析方法，也是其对经济发展所持的基本观点，因而均衡增长理论实际上就是新古典增长理论。由于均衡发展理论在实践中存在局限性，促成了非均衡发展理论的快速发展。与新古典均衡增长观点相反，一些经济学家和地理学家则提出了区域不均衡增长理论。循环累积因果论最早出现在《经济理论与不发达区域》一书中，文中提出利用"扩散效应"和"回流效应"，消除发达与落后并存的二元经济结构的政策主张。Myrdal G.（1957）[13] 认为在一个动态的社会过程中，社会经济各因素之间存在着循环累积的因果关系。某一社会经济因素的变化，会引起另一社会经济因素的变化，后一个因素的变化，反过来又加强了前一个因素的变化，并导致社会经济过程沿着最初那个因素变化的方向发展，从而形成累积性的循环发展趋势。Albert Otto Hirschman（1958）[14] 主张发展中国家应集中有限的资金和其他资源，有选择地在某些部门进行投资，通过其外部经济使其他部门逐步得到发展，他从主要稀缺资源应得到充分利用的思想认识出

14

发，提出了不平衡增长。Kuznets Curve (1955)[15] 倒 "U 型" 假说作为区域经济趋同理论的重要流派，在理论界和实践中都产生过重大影响力。随着国家经济发展，区域间增长差异呈 "倒 U 型" 变化。在国家经济发展的初期阶段，随着总体经济增长，区域差异逐渐扩大，然后区域差异保持稳定，但是在经济进入成熟增长阶段后，区域差异将随着总体经济增长而逐渐下降 (Jeffery G. Willamson, 1965)[16]。

Raul Prebbisch (1949)[17] 第一次系统性、完整地提出了 "中心—外围" 理论，John Friedmann (1966)[18] 将 "中心—外围" 理论引入区域经济学中，建立了 "核心—边缘理论"。该理论认为，发展的早期阶段，不同区域生产要素的边际收益差异很大，这种经济功能的空间差异随着经济的发展而加大。直到发展的较高阶段，区域经济成为不同等级功能单元的综合体。大多数人及经济活动集中在 "核心区"，核心区从周围不发达地区吸取发展动力，迅速增长，而其他地区则不断演化为 "边缘区"。核心区和边缘区是不可能自动得到趋同发展的，核心区发展到一定程度，必须加快核心区经济功能向边缘区的扩散，减低边缘区对核心区发展的依赖，这样才能保持区域功能协调。

法国经济学家将物理学的 "磁极" 概念引申到区域经济发展中，建立了增长极理论，其主要观点是区域经济发展主要靠条件较好的少数地区和少数产业带动，应该把少数区位条件好的地区和产业培育成为经济增长极 (Francois Perroux, 1985)[19]。点轴开发理论认为，从区域经济成长过程来看，产业首先集中在少数条件较好的城市，呈点状分布，即增长极的发展随着经济的发展，连接点与点之间的交通线、动力线、通信线等轴线对人口、产业也具有吸引力，生产要素沿轴线形成新的增长点，点轴贯通就形成了点轴系统 (Haegerstrand, 1970)[20]。

梯度发展理论源于 Ruttan Vernon (1966)[21] 等人所创立的 "工业生产生命周期阶段论"，工业部门大规模转移到低梯度区，把新产品、新技术和新产业由高梯度向低梯度区的推移，这种现象称为 "工业区位向下层渗透"。Wilbur Thompson (1986)[22] 将 "工业生产生命周期阶段论" 结合社会实践总结发展为区域经济开发理论，创立了区域梯度发展理论，并广泛运用于经济发展战略。其理念在区域经济发展次序上应优先支持和促进高梯度地区经济的发展，从而取得较高的经济效益，带动和促进低梯度地区经济的发展。

3. 新区域发展理论

20 世纪 80 年代中期，"弹性专业化"概念（Scott 等，1992）提出以后，创立了新产业区理论。早期有的专家学者认为，新产业区是弹性生产系统或弹性生产系统的一部分在地理上的集聚，能为技术创新提供特殊的社会文化环境；后来一些专家学者认为，应该将新产业区概念一般化，可将其定位到以专业化为特点的就业增长地区（Becattini G，2011）[23]；一些西方学者认为，新产业区的主要标识是本地网络和根植性；本地网络是发展的制度性手段，能减少发展的不确定性；根植性是一种文化力，有利于促进技术和制度创新。再后来，Park J H（1992）[24] 认为，新产业区是具有贸易取向性的生产活动，通过一定规模在合理空间范围内集聚。新产业区理论的核心是走自立、自主型的发展道路，应该着力建立有利于技术创新的区域社会文化环境和内部企业的联系合作网络，并通过这种环境和网络的建立来保证和促进产业区的快速持续发展。

1985 年 GREMI 最早提出区域创新环境。创新环境包括能够诱发和促进创新的区域制度、区域规则和相关实践的整个系统，该系统将其中的各行各业组织成相互协调的投入产出网络（Hayward，1988a、1988b）[25-26]。企业外部的技术能力、文化环境和劳动力市场状况等非物质的社会因子构成了创新环境（Maillat，1998）[27]。区域创新网络与区域创新环境共同推动新产业区的发展。Paul R. Krugman（2005）[28] 认为企业和产业一般偏好在特定区位空间集聚，而产业专业化的不同也会带来空间差异上的不同，不同群体和不同的经济活动偏好在不同的地方集聚。经济活动在空间上是否集聚取决于区域对产业集聚的向心力和离心力。

产业集群的概念于 1990 年首次提出，一个国家的综合实力和竞争力关键在于产业，当这些产业集中在一个或几个区域内时，即可形成产业集群（Michael E. Porter，2000）[29]。经济地理学和区域经济学者认为，一个国家和地区如果能实现生产要素、需求条件、支撑产业以及企业战略、结构和竞争力等因素的融合，就能够创造出有持续创新能力并能不断升级的具有竞争优势的产业，进而形成产业集群。

2.1.2 国内相关研究理论

县域从空间范围来说，属于国家或地区宏观经济体系中的一个子空间，但是在中国，县域又是一个相对独立的、功能相对完备的基本单元。

所以,从某种意义上讲,县域经济的实质是一种中观层面的区域经济,而对于县域经济的理论研究,也绝大部分是以区域经济理论为基础的。中国在区域经济发展方面的理论研究相对滞后,作为发展中的大国,中国有着深厚的文化传统和较为特殊的制度变迁历史,又处于工业化和经济转型时期,中国区域经济发展实践为区域发展理论研究提供了国际上难得的案例。

区域经济发展理论成果必须以更加广泛和深入的案例研究为基础。由于以往的案例研究多集中在资本主义工业国家的经济发达区域,而对于发展中国家和落后地区乃至处于经济转型国家的研究比较少。区域发展根植于其特定的制度文化与社会基础的框架下,关于发展中国家尤其是经济转型国家的案例研究可望得到加强。

从新中国成立到现在,中国的宏观区域发展政策顺次经历了均衡发展政策阶段、非均衡发展政策阶段和区域协调发展政策阶段。相应区域经济发展战略的逻辑顺序表现为从均衡发展战略到非均衡发展战略,再到区域经济协调发展战略。区域经济发展差距的变化,引致了区域经济发展政策制度的变迁与创新。20 世纪 80 年代初,为了适应中国经济建设实践的需要,国内学者将梯度推移理论本土化(何钟秀,1983;夏禹龙等,1980)[30-31],用以解释中国区域经济发展现象,为经济发展政策提供理论指导。把国内推动性工业嵌入某一区域,将形成集聚经济,产生增长中心,推动整个区域经济的增长(王缉慈,1994)[32]。从区域经济学的角度来看,梯度是区域间经济发展差距在地图上的表示(张可云,2001)[33]。改革开放以来,中国的区域开发基本上遵循梯度推移理论及其衍生的各种区域发展模式和点轴开发模式,其中起主导作用的是梯度推移理论(厉以宁,2000;冯之浚,2002;史晋川等,2003)[34-36]。厉以宁等(1999)[37]借用物理学术语提出了中心辐射理论,该理论把经济发展与现代化进程中的"辐射"定义为经济发展水平和现代化程度相对较高的地区向相对较低的地区传播,包括资本、人才、技术、管理知识、市场信息等的交流和思想观念、思维方式和生活习惯等方面的传播。现代科学技术的转移方向,除了向商业、贸易发达的地区转移,还向资源丰富但生产力水平较低的地方转移,而后一种转移是超越现有生产力水平梯度分布的跳跃式转移(张敦富,1999)[38]。由于梯度理论在中国区域经济发展实践中的困境,李具恒等(2004)[39]将梯度扩展为自然要素、经济、社会、人力资源、生态环境、制度等多维层面,创新了区域经济协调发展阶段区域开发理论。中国学者立足梯度理论及其关联的众多区域经济发展理论的内在逻辑,尝试梯度理论的新定位，积累构建区域经济协调发展理论的合理内核。

国内学者在区域经济研究的基本内容、方法和实现路径等方面做了大量工作，构建了区域经济研究的框架（程必定，1995；郝寿义，1998；高洪深，2006）[40-42]。有的学者从中国经济发展实际出发，以经济区域性发展为主题，以区域经济发展政策为主要研究内容，结合西方区域经济理论，重点研究区域经济发展中的政府行为，以及如何形成有效的政策（周叔莲等，1985；李泊溪，1994；房维中，2009）[43-45]。还有的学者系统引入西方的区域经济理论，并结合中国的实际情况，探求能够指导国内区域经济发展的理论方法和实现路径（陆大道，1988；杨开忠，1989）[46-47]。也有一些学者通过大量调研，深入研究区域发展的运行机制和存在问题，形成了被广泛认可的区域经济"东部、中部、西部"表述，以及沿海和内地的区域经济划分（刘树成，1996；胡鞍钢，1996）[48-49]。张培刚（1949）[50] 认为农业作为产业的一部分，应与工业视为整体来发展，而不是牺牲农业发展工业。农业与工业在农业国工业化过程中的地位、作用不同，在发展过程中呈现互为条件，相互制约的动态关系。区域经济具有现代工业的经济地理空间，一般是城市或城市群，也可包括与城市工业关系紧密的乡镇（王至元，1988）[51]。张秀生等（2009）[52] 从中国农村经济改革与发展的现状和全局出发，从多个方面和角度分析与研究，系统阐述了农村经济发展的相关理论。我国的梯度理论运用领域不断被拓展，理论范式不断丰富，从单层次梯度发展到多元梯度和广义梯度，理论解释力不断增强。

目前，我国还未形成区域经济学的完整理论体系，理论研究滞后于发展实践，还需进一步深入。因此，仍需深入学习和借鉴西方发达国家的最新理论成果，从经济发展的本质出发，对相关具体问题开展研究。近些年，随着新制度经济学的兴起与兴盛，制度变迁理论成为解释经济增长的三大理论之一，另两者为新古典增长理论和内生增长理论。

2.2　经济增长理论研究综述

随着新制度经济学的兴起，新古典增长理论、内生增长理论和制度变迁理论成为解释经济增长的三大理论。

2.2.1　新古典增长理论

Adam Smith（1776）[53] 被认为是古典增长理论的发端者，其在《国富论》中提出劳动分工和资本积累是促进经济增长的原因，这被认为是经济增长理论的雏形。古典经济增长理论继承和发展了劳动价值学说，Richardo（1821）[54] 认为劳动质量的提高才是增加社会财富的关键，他还力图证明利润增长决定资本积累，资本积累决定生产力的发展。Marshall（1890）[55] 在《经济学原理》一书中提出资本积累对经济增长的作用，并且强调劳动数量和质量的作用。同时提出科学技术对生产具有促进作用的思想，其认为科学技术在生产技术中的运用绝大多数能够阻止报酬递减的倾向。Solow（1956）和 Swan（1956）[56] 引入新古典生产函数，建立了 Solow-Swan 模型，标志着真正意义上新古典增长理论的开始。新古典生产函数中反映技术进步的变量，也就是全要素生产率是外生变量，即在外生给定技术条件下，经济增长取决于人均资本，而人均资本又与储蓄率有关，该储蓄率也为外生变量。

在索洛模型中，Solow（1956）认为一国可以通过资本积累在短期内实现快速的经济增长。但是，由于受到资本边际收益递减规律的约束，如果没有假设的外生技术进步，那么随着资本积累的增加，资本边际收益最终将递减到零，其结果是出现经济增长的停滞。为此，要解释持续的经济增长现象，就必须假设有一个正的外生技术进步率。Solow-Swan 模型强调资本和劳动对经济增长的促进作用，并认为技术进步是外生给定的。

2.2.2　经济增长理论

在新古典增长模型基础上，以 Uzawa（1965）[57]、Lucas（1988a）[58] 和 Romer（1990）[59] 为代表的学者，通过对资本、劳动力、人力资本和技术进步等"外生变量"的逐个"内生化"，克服了新古典增长理论模型中的报酬递减趋势，通过人力资本和知识外溢达到内生的技术进步从而促进经济的长期增长，建立了内生增长理论。Barro（1990）[60] 等人将政府开支加入基本的经济增长理论模型之中加以分析，并假定直接进入总生产函数的是公共投资流量，而不是公共资本存量。政府投资支出作为生产性公共资本进入生产函数，进而成为产生内生经济增长的决定性因素。公共支出与政府转移性支出具有提高经济增长率的效应，而课征扭曲性的税收具有抑制经济增长的效应（Cashin，1995）[61]。政府的财政变量对资源配置效率、宏观经济稳定及收入公平分配有相当的影响力（Tanzi 和 Zee，1997）[62]。

2.2.3 制度变迁理论

新制度经济学派一直质疑新古典增长理论和内生增长理论，在对上述理论批判的同时，积极搭建制度变迁理论体系。制度是一个稀缺要素，当经济增长中存在制度瓶颈时，制度变迁会带来经济的增长。以 1600—1850 年的海洋运输业作为样本，North D C（1990）[63] 对其生产效率等问题进行了实证研究，结果发现在样本区间内海洋运输业并没有获得重大技术进步，其生产效率的显著提高来源于经济组织和市场制度的改善。这一结果为其"制度创新可以提高生产率"观点找到了现实依据。其他学者也进行了大量以现实为基础的研究，研究结果有力地证明了"制度至关重要"命题的正确性。Acemoglu D 和 Robinson J A（2006）[64]、Aeemoglu 等（2003）[65] 认为促进创新的制度安排才是推动社会进步和技术革新的主要力量，而经济制度变革的目的是降低人们的交易成本。制度质量越高，人均收入水平越高，经济增长率也越高（Assane 和 Gramny，2003）[66]。通常制度质量越好，私人投资率越高，投资的生产效率也越高。另外，制度质量的好坏能够反映制度有效性的强弱，而有效的制度又能促进技术进步、提高人力资本与物质资本积累，能够提高人们生产活动的投入产出比，从而提高生产效率（Gwartney 等，2004）[67]。总之，制度变迁理论强调不同的制度和政府政策能够导致各国间物质资本积累、人力资本积累以及生产效率和每个工人平均产出不同。

2.3 县域经济发展研究综述

县域经济属于区域经济的研究范畴，研究县域经济的发展规律是区域经济学的重要研究内容。

2.3.1 县域经济发展基本理论

县域经济的实质是一种中观性质的区域经济，县域经济的理论研究绝大部分都是借助于对区域经济的研究。20 世纪 80 年代，国内学者运用国外成熟的区域经济学理论和方法，探索中国县域经济理论。同时，也积极参与国家土地利用规划、区域发展规划和经济区域的划分等实际工作，通过实践不断地丰富中国县域经济发展理论。

从理论成果和著作来看，中国学者结合中国的基本国情，从基本原理到理论架构、运行规律和发展战略方面，对县域经济学进行了系统的分析和研究（胡福明，1987；伍新木，1988）[68-69]。进入 21 世纪，学者们的研究更加深入，论证了县域经济发展的物质基础、增长动力等（伍新木，2001；王怀岳，2001）[70-71]。

关于发展战略的研究。非均衡发展战略是欠发达地区的现实选择（厉以宁，2002）[72]。欠发达县域推进现代化进程的三大基本战略，即区域非均衡发展战略、产业优化战略和人口转移与再分配战略（陆立军，2002）[73]。基于区域比较优势理论、区域结构优化理论和区域市场运作理论，县域经济研究构建了一个统一的发展战略理论框架，其中比较优势理论是其定位理论，结构优化理论是其定向理论，而市场运作理论是其实施理论。发展县域经济的主要途径有资源导向、主体激活、投资驱动、创新驱动四种（段培君，2003）[74]。

关于发展模式的研究。廖良才等（2000）[75] 根据区域经济学的基本理论，即"点轴网面区域经济发展与开发模式"，解释了经济向欠发达地区的传递过程。王盛章等（2002）[76]、王青云（2003）[77] 总结发展了县域经济的成功模式。闫天池（2004）[78] 按区位优势和主导产业对县域经济进行分类，并根据各自不同特点建立自身发展模式。中国县域经济具有较大差异性，有各自独特的自然条件、历史文化特点，以民营经济为主体，以县城和中心镇为重点，要坚持以发展特色经济为方向，加快工业化进程和城镇化步伐（王彦武，2004）[79]。

在县域产业结构方面。区域经济从本质上说就是特色经济，任一区域都必须以区域特色为基础构建区域产业（孟庆红，2003）[80]。县域经济同区域经济一样，也需要以县域特色为基础构建县域产业。不同县域产业的发展必须结合地方特色，产业结构布局应该有所差异。刘再兴（1993）[81] 建立了县域选择主导产业的四个标准和三个基准，并详细罗列了部分县市的产业优势。国内推动性工业嵌入某一区域后，将形成集聚经济，产生增长中心，推动整个区域经济的增长（王缉慈，1994）[82]。产业集群是欠发达县域跨越式发展的有效实现形式，县域根据自身的情况，选择一到两个主导产业作为突破口，通过政府的引导、扶持，营造集群"栖息地"，推动产业集群式升级发展（贺耀敏，2004）[83]。

2.3.2 县域经济发展的科学内涵

一直以来，"发展"一词由经济学家定义为"经济增长"，但是其涵义早已超出了这一定义范围，其有更加深刻、也更为丰富的内涵。《不列颠百科全书》对于"发展"是这样描述的：有时被当成经济增长或经济增长的同义语，但是一般来说，发展用来叙述一个国家的经济变化，包括数量与质量的改善。可以看出，它是强调动态上的量与质的变化。经济增长是指在一定时期内由于就业人数的增加、资本投入增长和技术进步等原因，经济规模在数量上的扩大。而经济发展则不仅包括产出量的增加，而且包括随着产出的增加而出现的经济结构的高级化、国民收入分配公平、城乡居民生活水平和文化水平提高、人均寿命延长等，不仅表现在数量上的增长，还强调质量上的提高，更加要求发展的可持续性。

1. 县域经济发展

最初，西方学者认为"经济发展"和"经济增长"是两个相同的概念，可以互相替代和使用（Reynolds，1977）[84]。随着时间的推移，更多的人认为"经济增长"和"经济发展"两个概念是有差异的。虽然二者有时可以替代使用，但其实有着根本的差别。经济增长是指国民收入、国民生产总值或人均量的上升，经济发展则包含更多的含义（Gillis 等，1983）[85]。"经济增长"指产出的增多，而"经济发展"则不仅指产出的增多，还指产出种类的变化，以及生产和分配所依赖的技术和体制的革新性安排；经济增长指以更多的投入或更高的效率获得更多的产出，而经济发展则还包括各种投入分布与产出结构的变化等（Herick 和 Kindleberger，1983）[86]。经济发展不仅包括经济的加速增长、缩小不平等状况和消灭绝对贫困，也包括社会结构、公众观念和国家制度等多方面过程的变化（托达罗，1988）[87]。

中国学者也认为"经济增长"和"经济发展"是两个严格不同的概念。"经济增长"是指一个国家或一个地区在一定时期内产品或劳务等产出的增长，而"经济发展"则是指随着产品和劳务产出的增长而出现的经济、政治和社会结构的变化，如投入结构、产出结构、产业比重、分配状况、消费模式、社会福利、文教卫生、群众参与等在内的变化（谭崇台，2003）[88]。

进入 21 世纪以后，中国县域经济发展进入一个新的阶段。县域经济发展的内涵是经济发展的内涵在县域经济中的内在体现。具体地说，县域经济发展的内涵包括五个方面。第一，经济增长是经济发展的基础和前身，县域经济发展必须以较高的物质水平为基础，为其积累提供丰富的物质基础。县域经济增长是县域经济运行的基本趋势，是居民、企业和政府进行和调控经济活动的直接结果。持续快速的县域经济增长对于实现县域经济发展至关重要（乔恒，2007）[90]。第二，社会公平也是县域经济发展的重要方面，和谐与公正是发展的本质要求。中国"三农"问题的核心是农民收入问题，促进农民增收是现阶段农村经济工作的重要目标之一。如何缩小城乡居民收入差距、实现农民收入倍增已成为当前社会各界广为关注的一个问题。多年来，各级政府通过一系列强农惠农政策，不断加大财政对农业和农村发展的投入，强化对农业的支持保护，初步构建了农民增收的长效机制。新阶段，农业和农村问题的核心归结为农民收入的增长问题（陈锡文，2001；林毅夫等，2002）[91-92]。在追求经济增长的同时，如果漠视收入不平等问题，其结果是可能出现像拉美国家那样的社会动荡（陆铭等，2004）[93]。第三，县域经济效益水平提高的同时，居民的福利水平、实际的生活质量、生态环境改善程度也是县域经济发展的标志。城乡隔离是城乡差距产生并扩大的根本原因（郭玮，2004）[94]，城市化的目标是消除二元结构，解放和发展生产力（屠西伟等，2017）[95]。城市化进程滞后造成了城乡经济发展长期处于失衡状态，而且进一步导致了国内消费市场需求疲软，难以有效启动（王德文等，2003）[96]。城镇化发展能推动工业发展向集约经济和创新经济转变，促进传统产业的升级（简新华等，2010）[97]。县域城镇化的发展问题与经济发展相联系，验证了县域城镇化的发展对缩小城乡收入差距的作用（杨志海等，2013）[98]。第四，县域经济不仅是经济总量的增长，而且也表现为经济结构演进和社会进步。县域投入结构、分配结构、消费结构以及人口结构等多种结构的协调和优化，是县域经济发展的必然环节。产业结构升级是影响国民经济增长的重要因素（刘伟等，2008；黄茂兴等，2009）[99][100]，促进县域产业结构转型升级是县域经济可持续发展的必由之路（张毅，2010）[101]。不同产业间生产率的不同是受要素生产弹性影响的，要素在产业间的优化配置会引起生产率较高产业的比重上升进而促进经济增长（干春晖等，2009）[102]。第五，县域经济发展要坚持以人为本，树立全面、协调、可持续发展的理念。人力资本积累是经济持续增长的决定性因素（Lucas，1988b）[103]，只有发展中国家的人力资本水平不断提高，才能使其比较优势向着有利于自己的方向演变（代谦，

2006)[104]。实践证明，人力资本已经成为我国现代经济增长方式转变的决定性因素（刘汉辉，2009）[105]，通过制定和实施以人力资本为依托的经济赶超战略，中国完全能够成为世界经济强国（李宝元，2009）[106]。农村人力资本在我国"三农"问题中起着重要的作用，是农业经济增长的重要源泉（孙敬水等，2006）[107]。总之，中国县域经济发展不仅是经济总量的增长，而且是质量的提高，更是经济社会的全面发展。

2. 县域经济发展测度

自20世纪40年代以来，西方对经济社会发展的测度可分为经济增长评价、社会经济发展综合评价和可持续发展评价三个阶段。一是经济增长法。20世纪50年代初，联合国建立了国民经济核算体系，其核心指标GDP用来反映各国国民经济在一定时期内全部活动的产出成果。传统GDP有三种核算方法，即生产法、收入法和支出法。二是经济社会综合评价法。自20世纪60年代以来，以GDP为标准的发展评价模式开始受到质疑，为此联合国等国际组织提出了一系列经济社会综合评价指数，尝试从更广泛的领域评价人类社会经济的全面进步。1970年，UNRISD出版了《社会经济发展的内容和衡量标准》，提出了用六项经济指标和九项社会指标来衡量区域发展水平，其中社会指标包括两万人以上居民点居住的人口比例、中小学人数和职业教育人数。Inkeles A 和 Smith D H（1974）[108] 参照美国20世纪60年代的发展水平，提出了"现代化国家的十一条标准"，其中包括人均国民生产总值、服务业产值占GDP的比例、成人识字率、大学入学率、医生服务人数、城市人口占比等指标。英克尔斯现代化指标体系被国际社会广泛应用于评价发展中国家的现代化水平。1990年，联合国开发计划署（UNDP）在《人类发展报告》中首次提出人类发展指数（HDI），旨在衡量各成员国经济社会发展水平。人类发展指数由三个指数构成：预期寿命指数、教育指数和收入指数，其中包括出生预期寿命、成人识字率和综合入学率、实际人均GDP指标，长寿水平和知识水平反映的人力资本存量，而生活水平反映经济增长。三是可持续发展法。1996年，联合国政策协调与可持续发展委员会（DPCSD）建立了可持续发展指标体系。2001年，DPCSD对原指标体系主体框架和核心指标进行了改进，创建了由社会、经济、环境和制度四大系统组成的模型设计，这是目前广泛应用的可持续发展评价工具。1999年12月，英国政府从132个可持续发展指标中，选定了最重要的15个英国框架指标，直接与特定的主题和英国可持续发展战略联系起来，建立了生活质量状况指标体系。该框架体系包括经济、社会和环境三个方面，其中有 GDP、教育健康和贫困等具体指标。1998 年，美国可持续发展总统委员会（PCSD）整合了国内可持续发展目标，建立了美国可持续发展指标体系（SDI），指标体系分为经济、环境和社会三大范畴，共有 40 个指标。

国内关于区域经济发展的测度，也经历了几个重要的阶段。自新国民经济核算体系建立以来，国内对经济社会发展的综合测度评价大体有四种方法。一是经济、竞争力评价法。国家统计局推出"中国县（市）社会经济综合发展指数评价体系"，该方法的研究侧重区域竞争力和现代化评价，这一指数包含对发展水平、发展活力和发展潜力三个方面的综合统计、评价（国家统计局，2008）[109]。中郡县域经济研究所建立了"县域经济基本竞争力评价体系"，从 2000 年开始采用该指标体系对全国 2000 余个县域经济进行了基本竞争力评价，并划分了 10 个竞争力等级。该指标体系分为总量指标、平均指标和速度指标三类，共 8 个指标，其中包含了国内生产总值、农民人均纯收入和城镇居民人均可支配收入，后来又增加了城镇化率。二是可持续发展评价法。自《中国 21 世纪议程》颁布以来，学界开始了可持续发展理论研究。毛汉英（1997）[110] 在可持续发展战略思想指导下，撰写了《山东省可持续发展指标体系初步研究》，其指标体系将可持续发展分为经济增长、社会进步、资源环境支持和可持续发展能力四个子系统。三是和谐社会评价法。自 2004 年国家提出"构建社会主义和谐社会"的目标任务以来，对和谐社会体系的研究一直方兴未艾。华东理工大学等高校联合组成的"中国城市和谐发展研究"课题组，发布了"城市和谐发展指数"研究报告，和谐发展指数由经济增长指数、人文发展指数、社会进步指数和生态文明指数四个方面十一个评价内容组成（国家统计局课题组，2006）[111]。四是科学发展评价法。为贯彻落实科学发展观，一些部委、科研机构和地方政府对科学发展考核评价体系也开展了积极探索。2009 年 5 月，《人民论坛》杂志与北京大学等院校学者组成专门研究团队，对国内外已有的指标体系进行系统梳理研究，形成了"中国县域科学发展评价体系"。该体系从六个方面反映县域科学发展的全貌，即经济发展、社会发展、文化发展、政治发展、生态发展和公众满意度。上述领域通过拓宽研究视野，加入符合时代发展的评价要素，不断推陈出新。四种方法侧重不同，互有重叠。经济社会评价法目前的研究侧重于区域竞争力和现代化评价，可持续发展评价目前的研究侧重于区域、资源和环境评价，和谐社会评价则从最初的综合评价转向单纯的社会评价指标体系的研究。科学发展评价法是结合各地区、各领域的实际，增加科学发展观的基本要求，综合考虑了经济、社会、民生、资源、环境和政治等多方面的指标，不仅注重经济社会效益，也关注科技、环境、资源和人的全面发展。

3. 县域经济发展内容

根据县域经济发展的基本含义，本书将其分解为经济增长、社会公平和可持续三个最基本的方面。

第一，县域经济增长。经济增长是发展的基本动力，是发展的首要的、必要的物质条件。没有增长，发展将成为无源之水。只有国民生产总值不断增长，才能实现现代化。因此，国家通过提高资本积累率，实行工业化、计划化和政府干预，只要经济能快速增长，就能走向现代化（张培刚，1991）[112]。地区生产总值和人均地区生产总值的绝对规模并不能真实反映一个县域的经济增长水平。国内外的实践证明，只有那些工业化水平不断提高的地区，才能长期保持较高的增长水平。县域经济的产业结构由县域的三次产业经济构成。一定时期内产出量的增加，即为经济增长，通常既可以用国民生产总值的增加量来表示，也可以用人均国民生产总值的增加量来表示。经济增长则不仅包括产出量的增加，也包括随着产出的增加而出现的经济结构的高级化。区域经济从本质上说就是特色经济，任一区域都必须以区域特色为基础建构区域产业（孟庆红，2003）[113]。经济增长不仅包括总量的增长，还包括在经济发展过程中，伴随着的县域产业结构成长、演变的过程，两者的内在关系是相辅相成的。各国国民收入水平的差异和经济发展所处的不同阶段的原因主要在于产业结构存在的差异（William 和 Petty，1672）[114]。一个国家的经济结构是由其要素禀赋结构所内生决定的，而要素禀赋结构的升级应该是经济发展的目标而不是经济发展的手段（潘士远，2002；林毅夫，2005）[115-116]。产业结构升级是影响国民经济增长的重要因素（肖兴志等，2012；刘伟等，2015；贾仓仓等，2018；郭浩森等，2019）[117-120]。

第二，县域社会公平。社会公平也是县域经济发展的重要方面，因为人与人之间的和谐与公正是科学发展的本质要求之一。就县域来讲，人与人之间的公平主要表现在农民人均纯收入和城镇化指标上。

农业、农村和农民问题始终是中国经济改革和发展过程中的大问题。当前农民收入增长停滞，城乡地区收入差距扩大，"三农"问题引起各方重视。"三农"问题的核心是农民问题，解决"三农"问题的关键是在保持农业持续、稳定发展的同时，增加农民的收入，缩小城乡之间和地区之间的差距。新时期，农业和农村问题的核心归结为农民收入的增长问题（陈锡文，2001b；林毅夫，2002b)[121-122]。

2013 年，中央城镇化工作会议进一步指出，城镇化能够破解城乡二元结构、促进社会公平和共同富裕。坚持新型城镇化"以人为本"的核心，推进以"人"为核心的城镇化，加快农民工市民化进程，有效提高城镇化的发展质量和居民生活水平。城市化是当今世界上重要的社会、经济现象之一。从经济学角度来看，城市化是在空间体系下的一种经济转换过程（王家庭，2009)[123]。张军涛等（2016)[124] 认为将县域城镇化的发展问题与经济发展相联系，验证了县域城镇化的发展对缩小城乡收入差距的作用。新型城镇化将改变以往粗放投资模式，将在城镇交通、道路、学校、医院、住房等公共基础设施方面加大投资，增加医疗、卫生、教育和社会保障等方面的公共服务供给，打破城乡二元结构，进一步改善和保障民生福利（赵永平，2015)[125]。

第三，县域可持续发展。从现代人力资本理论和新经济增长理论角度来看，经济发展的动力是科学技术进步，而发展的过程又是经济结构不断优化，其结果表现为经济量的不断增长，最终目标是经济发展质的提升。因此，经济发展可持续性的最大内在动力不是物资资本，而是人力资本的积累。可持续发展总结为三个特征，即经济持续、社会持续和生态持续，也就是处理好经济建设和人口素质、资源、环境的关系（洪银兴，2002)[126]。可持续发展理论目前被广泛运用于区域经济发展中，是指导中国县域经济发展的又一个重要理论。人力资本是 21 世纪中国成为世界经济强国最具优势和最重要的战略资本（胡鞍钢，2002)[127]。人力资本是社会财富的重要组成部分，我国地区间经济增长差异的重要原因就是人力资本水平的差异（沈坤荣，1997)[128]。人力资源是区域经济发展的基础资源，也是区域经济发展的关键动力。开发、配置和利用好农村丰富的人力资源，不仅关系农村区域经济的健康发展，也关系区域工业化的发展进程（赵炳起，2006)[129]。人力资本存量高的劳动者可以获得更多的非农就业机会，从而获得更多的工资性收入（张车伟，2003；李谷成等，2006)[130-131]。刘洛等（2011)[132] 将"自我学习""培训"和"创新"三个因子列入工作绩效维度，建立了可持续绩效。随着人口红利的逐渐衰减，我国劳动力不再是无限供给的，只有人力资本的提升才能解决生产率的问题（蔡昉，2011)[133]。

2.4 金融中介、财政支出与县域经济研究综述

2.4.1 金融中介、财政支出与县域经济增长

提及县域经济专指中国的县域经济，这是由中国县域经济的特殊性决定的。中国县域经济是行政区域经济，它是区别于经济区域经济的，并发展成为一个独立学科分支。而国外的县域经济，由于不存在像中国县域经济这样的"行政壁垒"和完整的发展要素，因此，它和区域经济一样，都属于区域经济范畴。国外对县域金融中介与财政支出的研究集中体现在农村方面。在西方国家农业现代化进程中，一直贯穿着对农村金融组织体系的研究，但农村与城市在金融、财政方面基本上没有区别。西方学者对发展中国家农村金融、财政的发展进行了广泛的研究，形成了一些各国广为接受的理论。

1. 金融中介与经济增长关系

在理论方面，国外学者围绕不同的金融传导机制，论证了金融中介对经济增长发挥着积极作用。金融中介可以缓解信贷市场的信息不对称，促进信贷资源的有效配置（Bencivenga 和 Smith，1993；Harrison 等，1999；Fuente 和 Marine，1996；Khan 和 Senhadji，2000）[134-137]。在一个地区的经济增长过程中，金融中介能够分散创新项目的投资风险和降低信贷市场的交易费用（Greenwood 和 Jovanovic，1990；King 和 Levine，1993a；Bencivenga 等，1995）[138-140]，进而有利于技术创新的孵化和扩散。金融中介通过缓解投资者面临的消费信贷约束，有利于增加信贷市场的信贷供给，支持企业家创新和经济发展（Diamond 和 Dybvig，1983；Bencivenga 和 Smith，1991）[141-142]。

Goldsmith（1969）[143]、King 和 Levine（1993b）[144]、Levine 等（2000）[145]、Loayza 和 Ranciere（2006）[146] 基于跨国面板数据技术进行了实证研究，研究表明，经济增长计量方程估计中存在各种内生性问题。而 Rousseau 和 Wachtel（2005）[147]、Rioja 和 Valev（2004）[148]、Aghion 等（2005）[149] 认为金融中介对经济增长的影响可能存在长短期和阶段性差异。Demetriades 和 Hussein（1996）[150]、Rousseau 和 Wachtel（2000）[151]、Luintel 和 Khan（1999）[152] 基于跨国数据进行实证研究，他们分别采用时间序

列的协整方法分析了金融发展与经济增长的长期均衡关系；并且运用误差自修正模型和 Granger 因果检验方法讨论了金融中介与经济增长的短期动态及因果性问题。研究结果发现，金融发展与经济增长之间仍然存在着双向因果关系。Rajan 和 Zingales（1998）[153]、Demirgüc‐Kunt 和 Maksimovic（1998）[154]、Beck 等（2008）[155] 基于微观企业和行业层面数据进行了实证研究，结果表明，金融发展有利于扩大外部融资，对宏观行业增长有显著为正的影响；对于微观新兴企业，金融发展的外部融资效应更为显著。

国内研究方面，中国学者侧重于实证方面的研究，利用面板数据和时间序列数据，采用 2SLS、OLS、Granger 因果检验和向量误差修正模型的方法进行计量，结果表明，金融中介和经济增长呈现出正相关和双向因果关系（谈儒勇，1999；周立等，2002；王志强等，2003；张军等，2005；沈明高等，2008；武志，2010）[156-161]。

2. 财政支出与经济增长关系

在理论方面，Barro（1990）[162] 构建了包含财政支出的内生经济增长模型，发现财政支出显著影响经济增长率。Arrow 和 Kurz（1970）[163] 最先在生产函数中纳入了政府支出，研究结果表明，财政支出的变化仅影响经济转移动态，而不会改变经济的稳态增长率。在实证方面的研究众说纷纭，Ram（1986）[164]、Kormendi 和 Meguire（1986）[165] 和 Grossman（1990）[166] 研究发现财政支出规模扩张对经济增长产生正效应。但 Landau（1983）[167]、Grier 和 Tullock（1989）[168]、Karras（1994）[169] 等研究却发现财政支出规模与经济增长显著负相关。而 Vedder 和 Gallaway（1998）[170]、Sheehey（1993）[171] 提出财政支出和经济增长可能存在非线性关系，Armey（1995）[172] 用类似 Laffer 曲线检验了财政支出与经济增长之间的非线性关系。Friedman 和 Kelley（2006）[173]、Chen 和 Lee（2005）[174] 认为财政支出对经济增长的贡献是积极的，但其作用存在门限效应。

在国内，马栓友（2000）[175]、马树才等（2005）[176]、张明喜等（2005）[177]、计志英（2006）[178]、李华等（2007）[179] 以及张治觉（2007）[180] 等主要以线性分析为主，或利用巴罗自然效率法则或利用凹函数估算我国财政支出最优规模。而杨友才等（2009）[181]、李村璞等（2010）[182] 等主要采用门槛回归或平滑转移方法，重新估算我国财政支出最优规模。郭庆旺等（2003）[183] 认为生产性财政支出与经济增长正相关，而廖楚辉等（2006）[184] 则认为一些地区的生产性支出对长期经济增长不具有促进作用。

2.4.2　金融中介、财政支出与县域产业结构升级

产业结构的演变是沿着以第一产业为主导到第二产业为主导，再到第三产业为主导的方向发展（Clark，1940；Kuznets，1949）[185-186]。产业结构升级的经济增长效应被称作结构红利，理论界认为这是中国县域经济可持续发展的必由之路。在县域产业结构升级过程中，县域政府引导为产业结构升级提供方向，市场调节为县域产业优化发展提供动力，而县域金融中介是市场资源配置的重要手段，县域财政支出是政府引导的重要工具。

1. 金融中介与产业结构优化的关系

国外对于金融发展与产业结构升级关系的研究，最早源于 Bagehot（1873）[187] 的思想，他提出金融中介在英国工业革命进程中发挥了重要作用。早期相关研究认为，金融机构运作能够提高资本配置效率，使资本流向价值创造高的产业（Schumpeter，1934）[188]。20 世纪 90 年代，金融发展与产业结构升级的关系得到了经济学界的广泛关注。国外学者基于金融引导、信用创造和信息不对称等功能进行研究，认为金融发展会引导资金从效率较低的产业流向效率较高的产业，进而带动科技创新，促进产业结构升级（Amore，2013；Chava 等，2013）[189-190]。近年来，一些学者针对两者关系使用面板数据进行了实证研究，结果表明金融深化对产业发展具有明显的正相关关系（Tadesse，2007；Sasidharan，2014）[191-192]。还有一些研究强调，金融发展水平可以提高资本配置效率，进而促进产业结构升级（Fisman 等，2003；Michalopoulos 等，2013）[193-194]。

国内学者最早的相关研究是从理论层面上展开的，提出了金融发展对产业结构调整产生作用（陈峰，1996）[195]。紧接着，很多学者从中国金融规模、结构入手研究，认为金融发展推动实体经济发展与产业结构升级（陈时兴，2011；易信等，2015；王昱等，2019）[196-198]。金融资源配置提高了产业集聚程度，进而推动产业结构升级（盛丹，2013）[199]。但也有一些学者认为由于金融体系发展滞后以及长期存在金融抑制，更无法为实体经济发展提供高质量的金融服务，因此金融发展对产业结构的升级存在一定的滞后影响（曾国平，2007；王勋等，2013）[200-201]。

2. 财政支出与产业结构优化的关系

早期国外涉及这方面的研究很少，因为学界普遍认为产业发展应由市

场决定。近年来，国外学者才逐渐开始关注，他们的研究并没有得出一致结论。Nelson 等（1999）[202]、Sasaki 等（2009）[203] 认为扩张型财政政策可以促进产业结构的优化和升级，两者呈现显著的正向关系。而 Feldstein（2008）[204]、Drucker 等（2012）[205] 的研究却得出相反结论，他们认为扩张型的财政支出和紧缩型的税收政策会对产业结构优化升级产生反向作用。

国内对于财政支出与产业结构升级关系的文献较多，多数学者研究表明，财政支出对于产业结构升级有促进作用，建议采取强化政府干预，通过加大财政支出规模、提高财政支出效率、调整财政支出结构和税收优惠等手段，进一步改进三次产业内部的资源配置（石奇等，2012；张同斌等，2012；郭长林，2016）[206-208]。另外有一些学者认为，财政支出不利于产业发展，对产业结构升级有阻碍作用（储德银等，2014）[209]。

2.4.3 金融中介、财政支出与县域城镇化进程

县域城镇化需要大量的资金支持。除了社会资本外，金融中介和财政支出是城镇化的主要资金来源，其通过支持县域城镇基础设施和公共服务建设、产业优化、企业发展、居民生产经营等，影响县域城镇化进程。

1. 金融中介与县域城镇化关系的研究

国外对金融发展与城镇化进程的研究早已有之，主要从农民转移人口密度产生的规模效应角度做出解释。早期相关研究认为，金融发展有利于城镇的工业化水平和经济发展规模，提高城市就业水平和收入，吸引源源不断的农村人口流入（Todaro，1969）[210]。农民更愿意将资金用到现代投资生产中去，提高现代化生产水平和扩大生产规模，深化城镇化发展（Mckinnon，1973）[211]。在初始阶段，城镇化与金融发展的强相关性体现在资源配置效应（Lucas，1989）[212]。随后，国外学者围绕金融中介、金融市场与城镇化之间的关系开展了大量研究（Merton，1993；Aghion 和 Weber，1997；Devaney 等，1996；Grant 和 MacNamara，1997）[213-216]。有关金融中介与城镇化建设的关系，国内学者已经进行了很有价值的研究，结论表明金融发展的确是推进了城镇化进程（张宗益，2006；熊湘辉，2015；王弓等，2016）[217-219]。在实证方面，学者利用空间滞后回归模型研究了城镇化过程中的城市人口规模和产业结构对区域经济增长的影响（王家庭等，2009）[220]。

2. 财政支出与县域城镇化关系的研究

国外文献大多基于市场化资源配置的主体探索城镇化的运转机制，毫

无疑问具有深远的意义。有关财政支出对城镇化的影响，西方学者重点研究政府公共服务投入与产出的比例。在城镇化建设中，财政规模投向基础设施供给的最优水平以及最优区域配置（Karrs，1997；Schabert 和 Linnemann，2008；Madrazo 和 Kempen，2012；Takahashi，1998）[2221-224]，以此评价财政支出规模能否达到最优。国内对于财政支出与城镇化关系的文献较多，中国的城镇化建设一直是由政府部门主导，学者们主要从财政分权（踪家峰等，2012；彭旭辉，2017）[225-226]、财政支出结构（王艺明等，2010）[227]、财政支出规模（宋旭等，2015）[228] 三方面研究财政与城镇化之间的关系，其运用的研究方法包括脉冲响应函数、向量自回归方法和差等多种实证分析方法。此外，还有学者认为中国财政支出存在显著的区域非对称效应，对城镇化产生不同的影响（郭庆旺等，2009）[229]。

2.4.4　金融中介、财政支出与县域农民人均纯收入增长

实现农民纯收入增长的途径主要包括增加农村物质资本投资、农村人力资本投资、促进产业结构调整和加快农村剩余劳动力转移，所有这些都直接或间接地依赖于金融和财政的支持。在一个不确定的环境下，金融中介可以便利资源在不同时空间的配置（Merton 等，1995）[230]。通过资本积累和技术进步两个渠道，金融中介能够促进经济增长。因此，金融中介与农民收入之间应该存在更复杂的传导机制（Levine，1997）[231]。根据总需求管理理论，扩大财政支出对经济增长产生乘数效应（John Maynard Keynes，1937）[232]。政府财政支出可以直接或间接地增加农民收入，通过农民消费刺激需求，从而获得良好的经济效益和社会效益。

1. 金融中介和农民收入增长之间的关系

早期关于农民收入增长的研究，国外学者重点关注金融结构问题。发展中国家金融体系中的二元结构严重抑制了农村金融的发展，因此，通过完善农村金融的治理，消除金融抑制，可以促进农村经济增长和农民收入增长（Goldsmith，1969；Mckinnon，1973）[233-234]。直到 20 世纪年 90 代，Greenwood 和 Javanovic（1990）[235] 首先提出金融发展与收入分配的关系是"倒 U 型"假说关系，西方理论界才开始关注金融发展与收入分配的关系问题，前后提出了三种不同的理论假说，分别为金融发展与收入分配的"库兹涅茨"假说关系（Agihonh 和 Bolton，1997）[236]、金融发展降低了收入差距（Galor 和 Zeira，1993；Banerjee 和 Newman，1993；

Matsuyama, 2000）[237-239] 以及金融发展扩大了收入差距（Maurerh 和 Haber, 2003; Clarke 等, 2003）[240-241]。从实证角度，国外学者对金融发展与收入分配的关系进行跨国分析，发现金融发展会显著缩小一国收入分配差距（Beck 和 Levine, 2004）[242]，却未能证实两者间的"倒 U 型"假说关系。

金融发展包括金融中介和金融市场发展两部分，金融中介和经济增长的关系在学术界已经形成共识，普遍认为金融中介在调动储蓄、评估项目、管理风险、监督管理者和便利交易等方面发挥着积极作用。长期以来，很多研究证实了金融发展与经济增长之间的关系，但是关于金融中介与农民收入的文献很少。仅有一些代表性文献是从金融市场的角度分析农村资金配置效率的问题，认为金融中介机构有助于促进农村经济内生增长和农民收入增加，减少社会不必要的资本流动（Bencivenga 等, 1991）[243]。

从国内来看，中国学者在借鉴国外先进理论成果的同时，也在积极探索中国金融发展对收入分配差距的影响。国内学者针对金融发展与城乡收入差距进行了多角度的实证研究（章奇等, 2004; 陆铭等, 2004; 姚耀军等, 2006; 尹希果等, 2007; 胡宗义等, 2010）[244-248]，得出的结论并不完全一致。近年来，也有少数学者通过实证检验中国金融发展和农民收入之间关系，结果显示，中国金融发展对农民收入增长具有显著的负效应（温涛等, 2005; 余新平等, 2010）[249-250]、正效应（王虎等, 2006; 谢玉梅, 2016）[251-252] 或不显著的影响（许崇正等, 2005）[253]。国内学者对金融发展与农民收入之间的关系做了相关性的探索，但是这些研究仅仅是一种直接的数量关系，而很少研究其中的内在效应和影响路径。

2. 财政支出与农民人均纯收入增长的关系

早在 18 世纪，古典农业经济理论的奠基人 Quesnay 和 Adam Smith 在他们的代表作中就有所论述财政支出与农民收入增长的关系。Quesnay（1758）的《经济表》阐述了农业在国民经济发展当中的重要地位和战略意义，Adam Smith（1776）在《国富论》中提出资本的积累是经济增长的重要条件。资本投在农业的比重越大，推动国民生产性劳动越大。Harrod（1939）[254]、Domar（1946）[255] 认为基于储蓄与投资的关系，投资能够增加资本存量，有利于提高社会生产能力，并通过乘数效应促进收入水平的提高。Theodore W. Schultz（1964b、1982）[256-257] 开创了现代农业经济理论的先河，他在《不稳定经济中的农业》和《改造传统农业》中提出政府必须向农业部门投资，不仅要注意资本的投资方向，还要运用政策指导和鼓励农民增收。1958 年，EEC 组织将财政支农作为专门研究内容和政策措施纳入 CAP。至此，西方学界开始将财政农业政策作为专门的学术领域进行系统性研究。

国外早期研究认为，财政支出作为外生力量，能够促进农民收入增长。财政支农和农户收入增长之间存在着替代和互补两种关系（Barro，1981）[258]，其他学者也通过实证研究验证互补与替代效应均存在可能（Aschauer，1985；Ahmad，1986）[259-260]。随后，Aschauer（1989）[261] 研究表明，政府财政支出构成的资本存量的增加对生产率的增长具有积极作用，Patton 等（2013）[262]、Severini（2014）[263] 均认为财政支出结构差异，导致农民收入增长的效果具有不一致性。

从国内来看，研究大多基于国家层面或省域的时间序列数据，考察了财政农业支出对农民收入的总体影响（冉光和等，2005；沈坤荣等，2007；王德祥等 2009）[264-266]，得出效果显著不一的结论。近年来，为了更加精确地考察财政支出和农民收入增长之间的关系，一些学者开始探索财政支出结构的实证研究（杨林娟等，2008；王敏等，2008；罗东等，2014）[267-269]，认为不同的财政农业支出结构对农民收入增长的影响效果也不一样。还有一些研究强调财政支农效率问题，一些学者就如何提升财政农业投入效率、促进农业经济增长和农民增收展开了一系列的理论和实证研究（侯石安，2004；李琴等，2006；崔元锋等，2006；李燕凌等，2011；肖育才，2017）[270-274]。

2.4.5　金融中介、财政支出与县域人力资本提升

西方学者最早提出人力资本概念，并建立了一套完整的人力资本理论。Lucas（1988）[275] 引入了 Thedore. W. Schultz（1961）[276]、Gary S. Becker（1964）[277] 的人力资本理论，在借鉴 Romer（1986）[278] 内生增长理论的基础上，建立了以人力资本为基础的内生经济增长模型。近年来，金融、财政与人力资本之间的关系一直是国内外学者关注的重点问题之一。

1. 金融中介与县域人力资本关系的研究

20 世纪 90 年代初期，内生增长理论的建立标志着"新经济学"的形成。国外学者认为金融发展能分散人力资本投资的风险，并且影响物质资本投资和人力资本积累（Levine，1998）[279]。国别收入存在不确定风险，国际金融市场一体化对人力资本积累、经济增长和福利水平产生了影

响（Devereux 等，1994）[280]。有的学者通过信贷约束视角，提出金融中介能够为人力资本投资积累资金（Gregorio，1996；Cooley 等，1998）[281-282]。金融中介也可以促进经济专业化分工，推进了经济主体人力资本提升（Gregorio 等，2000）[283]。还有的国外学者通过实证研究，证明金融中介对人力资本积累产生影响（Rashmi Umesh Arora，2012）[284]。有关金融中介与县域人力资本提升的关系，国内学者已经进行了很有价值的研究。金融发展通过增加人力资本投入、提高人力资本的生产效率和物质资本投资对人力资本存在正外部性等途径，促进人力资本积累与经济增长（王永中等，2007）[285]。也有学者引入金融因素，建立人力资本内生增长模型，实证检验金融发展与人力资本提升的关系（高凌云等，2008；蒋先玲等2011）[286-287]。

2. 财政支出与县域人力资本关系的研究

国外学者通过刻画财政对公共教育的支持，作用于经济增长和收入分配，从而影响人力资本的形成。George 和 Psacharopoulos（1994）[288] 运用收入方程和函数法（Minecr，1974）[289] 对教育层次的收益率进行比较研究，发现了教育投资的一些特征。虽然教育收益率计量工具忽视了教育的异质性，但是这为财政政策介入基础教育提供了理论依据。在市场经济条件下，由于资本市场缺陷和市场信息不完全，政府财政必须介入人力资本领域（Sanjay Pradhan，1996）[290]。个人偏好函数在完全风险规避递减的情况下，税收会通过收入效应来增加人力资本形成（Schindler 和 Yang，2015）[291]。考虑到税收和补贴的因素，财政支出对人力资本投资产生影响（Bas Jacobs，2000；Salvatore Barbaro，2003）[292-293]。国内学者深入分析内生增长理论和财政政策的关系，提出财政能够解决人力资本积累外部性、技术外部性和知识外部性等问题（安体富等，1998）[294]。有的国内学者认为财政公共教育支出能够促进人力资本水平的提高，这种促进作用在收入风险较大、融资约束较强的国家效果会更为突出（才国伟等，2014）[295]。还有的学者提出财政对教育的支出会影响当地的劳动力素质，这将通过直接提高劳动的边际产出和间接提高资本的边际产出而带来地区经济的更快增长（陈钊等，2011）[296]。

3. 金融、财政与县域人力资本提升协同效应方面

目前，国内外研究还相当有限。人力资本提升作为技术进步的另一种形式，在经济增长中的作用是不可替代的。物质资本投资和社会人力资本

的平均水平对人力资本积累产生正外部效应（Lucas，1990）[297]，人力资本的存在使得广义资本边际报酬递减的规律不再成立。因而，在缺乏外生技术进步的条件下，人均产出也会实现内生经济增长。由于人力资本存在正外部性，金融和财政都可以通过增加人力资本投入、提高人力资本生产效率和物质资本投资的途径，促进人力资本积累与经济增长。

2.5 国内外研究现状评述

2.5.1 相关理论评述

1. 区域增长发展理论

经济增长理论的发展史就是经济学家对促成经济增长的诸因素进行深入研究，并不断深化认识的过程。西方学者主要以发达国家现代化建设并取得成功的历史经验为研究基点，来探讨发展中国家怎样才能快速走向发达之路。其基本观点是：通过经济增长来实现现代化。因此，区域增长理论极力强调提高资本积累率，实行工业化、计划化和进行政府干预，只要发展中国家的经济能快速增长，就能走向现代化。

2. 二元理论

A. Lewis（1954）[298] 的二元经济理论主要从劳动力由农村部门向现代工业部门转移的角度，阐述了发展中国家的经济发展过程，但是缺乏对于农业自身发展过程的分析，忽视了发达的农业对促进发展中国家经济增长的重要作用，忽视了农业自身对整个经济的基础作用。Fei 和 Ranis（1967）[299] 的理论虽然强调了农业在经济增长中的积极作用，农业生产力的提高导致出现剩余劳动力，这是农村劳动力向现代工业部门转移的先决条件，但是忽视了资本积累与技术的关系，从而在一定程度上降低了模型的预测分析能力。Theodore W. Schultz（1966）[300] 的改造传统农业理论验证了"贫穷而有效率"假说，其具有极大的包容性，把农业发展的保持区位和扩散理论的中心概念都包括了进去，但是忽视了"新型投入的供给和生产部门的资源分配问题"，而且也没有说明现代要素投入的来源，以及这些投资决策与运作过程在农业发展中是否作为内生变量发生作用等问题。郭熙保等（2013）[301] 认为速水佑次郎的借用技术理论对农业与经济发展问题的关系认识是一个巨大的飞跃，它是一种比较全面的综合性的农业增长理论，具有较高理论价值和实用价值，为不同资源禀赋和结构状况的发展中国家制定促进经济增长的政策与计划提供了一个指导思想。

3. 区域均衡、非均衡发展理论

均衡发展理论的基础是新古典区域均衡增长理论，主要有 Harvey Leeibenstein（1957）[302] 的临界最小努力命题论、纳尔森的低水平陷阱论、Rosenstei 和 Rodan（1943）[303] 的大推进论、Rangnar Nurkse（1953）[304] 的贫困恶性循环论和平衡增长理论等。均衡发展理论过分强调计划性及均衡增长，强调物质资本的重要性，重视自我发展的经济政策，轻视人力资源等非资本要素开发。因此，在现实中受到资源、资金、技术、管理理念等多种因素的限制，从而与发展中国家和地区的客观现实不相适应，造成发展中国家和地区出现农业发展缓慢、工业资本配置效率低下、政府管理体制低效等问题，使市场这只"看不见的手"起不到应有的作用，也使得发展中国家和地区仍然走不出贫穷落后的"陷阱"，不能实现区域经济的快速健康发展。区域均衡发展理论把问题过分简单化，适用范围十分有限。

非均衡发展理论主要有 G. Myrdal（1957）[305] 的循环累积因果论、Albert Otto Hirschman（1958）[306] 的不平衡增长论、Francois Perroux（1985）[307] 的增长极理论、John Friedmann（1966）[308] 的中心—外围论和区域经济梯度推移理论、Jeffery G. Willamson（1965）[309] 和 Kuznets（1974）[310] 的"倒 U 型"理论等。非均衡发展理论基本上反映了客观现实，因而也存在理论和现实的差异。非均衡发展可简化为对区位优势的选择，而这些侧重各异的优势区位便是多元梯度本身。区域差异随着经济发展水平而变化，在经济发展的早期阶段，区域收入差异呈现不断扩大的趋势，但发展到某一点之后，区域收入差异又明显开始缩小。这实质上是一种有时间变量的不平衡发展理论，它将均衡成长与不均衡成长统一于同一过程，并通过扩展和阻碍效果的互动机理实现。John Friedmann（1967）[311] 将社会、政治变量引入模型，以此来说明空间的不平衡联系。显然，John Friedmann（2008）[312] 开始注意到经济、社会、政治、文化、心理等变量的"凝结化合"在核心区集聚或扩散与空间的不平衡之间的关系。

Park 和 Markusen（1995）[313] 的新产业区理论和 Porterba（1997）[314] 的产业集群理论是比较有代表性的现代区域发展理论。这些理论依然是在传统的区域发展框架下，主要是根据实践和发展阶段的变化，对传统的区域发展理论进行创新、完善和细化。现代区域发展理论更侧重于特定区域本身和特定阶段的研究，研究的重点从传统区域发展理论强调宏观层面转向各区域内部的特定问题和区域发展的动态过程。一方面，其强调区域发展的特定技术、制度和社会基础，强调"结构主义方法"和区域发展的动态过程；另一方面，又非常强调 Alfred Marshall（1890）[315] 的集聚经济和交易费用、学习创新在区域经济增长中的作用。

区域经济不平衡发展战略与平衡战略有着显著的不同。首先，平衡发展战略强调地区间平衡发展，而不平衡发展战略则承认区域间发展不平衡的现实，主张一部分地区经济率先腾飞，使其经济高速增长，通过一部分地区的先发效应带动欠发达地区。其次，平衡战略强调地区间的公平与平等，而不平衡发展战略则突出了经济效益目标。最后，在地区布局、投资分配和区域政策方面，平衡发展战略突出内地，急于推动生产布局的内移，而不平衡发展战略的重点放在生产要素和基础条件较好的沿海地区或一个地区的经济基础和交通条件较好的某一个点，给予投资和政策上的优惠。

2.5.2　县域经济发展评述

县域经济属于区域经济范畴，是以县城为中心、乡镇为纽带、农村为腹地的区域经济。在县域经济发展战略上，仍处于较落后的区域，不平衡发展是区域开发的策略，不可能采取或根本没有条件实行平衡发展战略。

县域经济还是以传统农业为基础，农业依然是县域经济的重要组成部分。发展县域经济是解决"三农"问题的新的切入点，是全面巩固建成小康社会以及精准脱贫成果的重要任务。二元经济理论和农业改造理论对县域经济发展仍有十分重要的指导作用，特别是农业改造理论对我国的县域经济发展具有重要的参考价值。县域经济是以市场为导向的，随着市场经济的发展，县域经济要突破县级行政区划的约束，接受市场的洗礼和国家宏观经济政策的指导，在更大的区域内进行资源配置，获取竞争优势。从县域经济发展内在动力和机制来看，诱致性技术变迁和诱致性制度变迁假说具有一定的理论指导意义。县域经济重视改革完善发展机制，营造发展环境，引进外部要素，积极借用技术理论，发挥后发优势。

县域经济需要一个特定的地理空间，区域界线明确，点轴开发则是现阶段最有效的空间组织形式。某一地区或县域的发展，首先是要确定若干空间区位、交通条件、资源禀赋较好的中心城镇作为增长极，继而沿着连接这些增长极的交通干线，进行带状布置与开发，发展重点逐步由较高级别的点轴向较低级别的点轴扩散，形成合理的城镇体系结构和发展轴的等级体系，带动整个区域的发展。县域经济是功能完备的综合性经济体系，县域经济活动涉及生产、流通、消费、分配各个环节以及三个产业部门。但是，县域经济又不同于国民经济，县域经济不能"小而全"，应注重发挥比较优势，突出重点产业。县域经济具有地域特色，这种地域特色与其地理区位、资源禀赋、历史人文和特定资源相关联。对于产业还处在较低梯度的县域，应根据自身条件，结合产业和资本的梯度转移规律，发展比较优势较大的初级产业、劳动密集型产业，承接从高梯度外溢出的产业，引入外部资本，从而发展县域经济。

可持续发展理论提出生态持续、经济持续和社会持续三个特征，也就是处理好经济建设和人口、资源、环境的关系。人力资本可以直接、间接增加人造资本和自然资本存量的价值，经济持续发展的活力源泉来自"人本"软实力。经济发展水平可持续，经济运行质量就越好，人力资本和社会资本的贡献就越显著。

综上所述，县域经济发展不仅是经济总量的增长，也是质量的提高，同时还是县域经济社会的全面发展。县域经济增长是经济运行的基本趋势，是居民、企业和政府调控经济活动的直接结果，持续理性的县域经济增长对于实现县域经济发展至关重要。县域经济发展的本质就是民生经济，"三农"问题的核心又是农民收入问题，促进农民增收是县域经济发展的重要目标。合理的县域产业结构能够更好地利用自然和经济资源，能够合理地利用县域人、财和物，产生较高的经济效益。因此，高效益就成为衡量县域产业结构合理的重要标志。新型城镇化可以破解城乡二元结构和实现城乡统筹发展，促进公共服务均等化，更加合理布局人口与产业，消除社会风险隐患，最终起到改善民生和推动区域协调发展的重要作用。县域经济发展是以人为本、全面、协调、可持续的科学发展过程，最关键的因素是人力资本。县域人力资本积累是促进县域经济可持续发展的基础，县域人力资本价值提升是实现县域经济发展的根本动力和真正源泉。

2.5.3 金融中介、财政支出与县域经济发展关系评述

金融、财政在现代市场经济中表现出强大的作用力、渗透力和推动力，金融和财政构成了现代市场经济发展的最重要方面。因此，探讨和研究金融中介、财政支出与经济发展的变动规律，对协调经济利益和缩小经济差距具有重要意义。

1. 金融中介与县域经济发展

关于金融发展与县域经济增长之间的互动关系，目前国外无论是理论还是实证研究都是有争议的，大部分国家虽然能够得出金融发展与经济增长之间存在互动因果关系，但不同国家在不同发展时期，金融发展和经济增长依然存在差异化特征。换言之，两者的相关关系可能并不明显。从国内已有研究结果看，金融发展与经济增长之间整体上呈现正相关关系，但在部分地区这一特征可能并不明显，这主要是由于这些地区金融中介效率低下或金融市场化程度较低。此外，在传统金融相关比率的基础上，国内学者还创新了一些适合中国国情的度量指标，如金融机构多元化程度、政策性贷款比重、政府调控程度等。

关于金融与县域产业结构升级的关系研究，最早源于对金融发展与经济增长关系的研究。随着有关金融发展理论的研究逐渐深化，金融发展在促进产业结构升级、提高经济水平的研究中逐渐涉及内生性作用。理论研究主要集中于机理方面的分析，国外学者基于金融先导、信用创造和信息不对称等视角进行了研究，认为金融发展会引导资金从效率较低的产业流向效率较高的产业，从而带动科技创新，促进产业结构升级。国内学者深入研究金融支持产业升级的作用机制和过程，认为中国金融规模的不断扩大和金融结构的不断改善，是推动实体经济发展与产业结构升级的主要原因。但也有一些学者认为由于金融体系发展滞后以及长期存在金融抑制，中国的金融发展并没有跟上实体经济的发展，更无法为实体经济发展提供高质量的金融服务，金融发展对产业结构的升级存在一定的滞后影响。从实证方面，大多研究金融发展与经济增长的关系，经济结构调整是产业发展的重要内容，所以可以借鉴其相关理论进行研究。金融发展具有各自不同的度量，实证检验金融发展、经济增长和产业结构升级关系或者是金融发展、技术进步和产业结构三者关系。研究有从侧重线性逐步转向非线性检验趋势，但多数研究使用的分析方法为面板回归或门槛模型回归。

关于金融与县域城镇化进程的关系研究，国外学者大多侧重于从微观层面，选取具有代表性的样本研究。从城市化的动力入手，即生产效率、城市规模、集聚经济和城市公共基础设施等方面研究，探索金融发展对城市化的促进作用。国内学者的研究侧重三个方面，首先是金融与统筹城乡资源关系的研究；其次是金融对城镇化过程中的劳动力转移、土地流转等支持的研究；最后是金融支持城镇化建设路径。在实证分析方面，运用截面数据和面板数据，使用主成分分析法、协整、脉冲和空间计量方法，分析金融与城镇化的关系。

关于金融发展与农民收入关系问题的研究集中在两个方面：一是从宏观层面分析了金融发展是否为经济增长的前提，实证研究发展中国家农村金融制度对于经济增长的作用，从而为金融发展促进农民增收确立了前提。同时也为评判各国金融制度的效率确立了基础。二是从微观上寻求各种制度支撑是否能够促进金融体系的良性运转，提高农村信用社体系的效率，完善农村金融市场。正规金融的运行效率以及改进措施，成为理论研究与经验研究的焦点。由于非正规金融的长期存在，而且在部分地区对于缓解农村资金的短缺起到了一定的作用，理论研究对此也进行了关注。

关于金融发展与人力资本积累的研究，从三个方面入手。首先，金融发展能分散人力资本投资的风险。其次，金融发展能减轻信贷约束，从而为人力资本投资积累资金。最后，金融的发展能提高经济主体人力资本投资的回报率。国内学者的研究一般将金融发展、人力资本与经济增长联系起来，且将金融发展与人力资本均视为影响经济增长的手段与途径，一是分析金融发展对人力资本的直接影响效果，二是分析其对经济发展的间接影响。

2. 财政支出与县域经济发展

关于财政与县域经济发展的关系，更多研究体现在经济发展路径上。从理论研究来看，早期西方学者提出的传统新古典增长模型及其各种扩展模型认为，长期经济增长由劳动力增长和技术进步率驱动，即便税收和政府消费可以影响人力资本及物质资本投资，但从长期来看，这种影响作为经济趋向稳态过程的均衡扰动因素通常只产生转移冲击效应，并不能影响经济增长率。直到 20 世纪 80 年代中后期，兴起的内生增长模型，将公共服务作为生产的投入项，这为日后财政支出与经济增长的关联性研究提供了理论支持。在相关理论发展的推动下，西方学者展开对两者关系的实证研究，而财政支出规模对经济增长的作用方向是其中的核心问题，得出的结论是财政支出对经济增长的影响为肯定论、否定论和无关论。国内学者对于财政支出与经济增长效应的理论研究主要是基于内生增长模型展开的，理论研究主要是针对西方内生增长模型的介绍和补充。从中可以看出，内生增长理论已经成为中国经济增长研究的主流。在实证研究方面，大部分学者的结论是支持财政支出的正向增长效应的，但是增长效应的正向性也具有阶段性、条件性和时滞性等特征。

关于财政与县域产业结构升级的关系。国外学者普遍认为市场机制可自动解决资源在产业间有效配置的问题，能够自发实现产业结构升级演化。国内学者关于财政支出与产业结构升级做了大量经验研究，结果证实了财政支出对中国产业结构升级具有重要的影响作用，但就影响效应的作用方向问题并未形成统一结论。有的学者认为财政支出对中国产业结构升级有正效应、负效应、相对性和空间溢出效应。

关于财政与县域城镇化进程的关系。国外学者关于财政支出与城镇化进程的研究大多是基于市场化资源配置的视角，解释了城镇化的运转机制对于市场化主体的城镇化是有意义的。关于城镇化与公共财政支出关系的研究，主要围绕公共财政支出与城镇化建设的特征、作用关系及经济发展效应等展开。关于国内财政支出与城镇化的关系，理论研究主要集中在城镇化推进模式、城镇化与公共财政支出的互动机制、公共财政支出现存问题及政策优化方面。实证研究侧重城镇化水平的测度、影响因素作用大小，近年来还出现了涉及人口城镇化与空间城镇化协调性的研究。

关于财政与农民人均纯收入增长的关系。欧共体颁布共同农业政策后，西方学术界将农业财政支出与农民收入增长作为专门的学术领域开展系统性的研究。理论研究表明，农业财政支出和农户收入增长之间存在着替代和互补两种关系，当财政支出导致农村居民生产边际效率增加时，就会刺激农村居民增加生产投入，财政投入与农户收入增长表现为互补关系。反之，由于财政支出的挤出效应，财政支出与农户收入增长表现为替代关系。国内文献大部分集中在国家和区域层面考察财政支出与农民收入的总体关系，得出的结论多数是财政农业支出对农民收入增长有影响，对于影响效果是否显著，研究者的看法则不尽相同。为了更加深入、精确地考察财政农业支出和农民收入增长之间的关系，学者从财政支出结构的角度展开了研究。

关于财政与县域人力资本提升的关系，直到 Romer（1986）[316] "新增长理论"的诞生，国外对人力资本积累和财政政策的关系有了全新的认识。在新古典增长模型中，物质资本的收益率递减使人均增长停滞不前，而且财政政策没有机会影响经济的增长率。然而，内生增长理论则通过克服可以积累的生产要素收益递减性质而使经济增长率内生化，并通过财政支出解决人力资本积累外部性、技术外部性和知识外部性等问题。国内研究认为财政支出能促进人力资本的形成，具体表现在两个方面，一是政府财政直接投资于人力资本领域，二是财政支出通过促进物资资本形成进而促进人力资本形成。

3 理论分析与数理模型

本章包括理论研究和模型拓展两个部分。在理论分析部分中，首先从金融中介和财政支出的概念、性质出发解释县域经济发展中的传导机制；其次论述县域金融中介、财政支出与县域经济发展五个维度的相关关系，揭示了金融、财政促进县域经济发展的作用机理。构建数理模型部分中，在金融、财政与经济发展的现有成果与理论分析的基础上，拓展柯布—道格拉斯生产函数，采用 PSTR 回归模型方法，构建了包括县域金融中介、财政支出和县域经济发展的面板平滑模型，通过计量模型实证其协同效应。

3.1 理论分析

本节将按照本书的分析框架对提出的问题进行理论方面的机理研究。一是分析县域金融中介对县域经济发展的影响机理；二是剖析县域财政支出对县域经济发展的影响机理。

3.1.1 金融中介、财政支出与县域经济增长关系

经济增长是指在一定时期内产品和劳务数量的持续增加。由于资本投入增长和技术进步等原因，经济规模在数量上的扩大或者一定时期内产出量的增加，即为经济增长，衡量指标常用国民生产总值、国内生产总值以及人均数值。

1. 县域金融中介对县域经济增长的影响效应

在现代经济增长中，金融中介发挥着重要的作用。通过提供不同的金融产品和金融服务，金融中介能够动员和配置社会闲散资金、监督这些资金的使用、促进资金流通并分散经济中的风险。从根本上讲，金融中介的产生和发展是实体经济发展的结果和需要，它是为实体经济服务的。尤其

是金融中介的配置资金功能，对经济增长发挥着至关重要的作用。首先，金融中介的存在降低了信息与交易费用，其对投资时机有更良好的把握，同时也可以给储蓄者提供相对更高的收益，因而金融中介可以通过更好地动员居民储蓄来聚集现有的金融资源，使投资可以在更高的水平上进行，提高资本生产率，相应的加速经济的增长。其次，金融中介还通过发挥信息的作用，使投资组合多样化进而分散消费者流动性风险，这种方式能够促进生产者走专业化道路，提高社会边际资本生产率，从而推动经济增长。最后，金融中介使得创新活动的风险得到了分散，激励企业的技术创新，推动经济长期增长。

2. 县域财政支出对县域经济增长的影响效应

财政支出直接体现政府对经济干预的意图。内生增长理论认为公共投资具有很强的生产性和外溢性。首先，财政支出是国内生产总值的重要组成部分，它有助于直接带动国民经济的发展。其次，随着社会经济的不断发展，人们对公共服务的需求也在持续不断地增加，政府通过财政支出提供了大量具有积极外部效应的公共物品与公共服务，从而有效地改善私人投资的外部环境，进而鼓励并促进私人投资的增长。再次，政府通过财政支出提供了经济运行所必要的环境，包括法律法规、金融体系和教育卫生等。最后，政府支出在保护私人产权、协调个人利益与社会利益的冲击、限制或消除垄断、扶持企业发展、完善资本市场等方面均具有积极的"溢出效应"，因此，财政支出有助于完善经济运行的内外部环境，进而促进经济的不断增长。另外，农业方面的财政支出中以农村救济费、挖潜改造为主的其他支出，对农业经济的增长具有明显的正效应。

3.1.2 金融中介、财政支出与县域产业结构升级关系

产业结构升级是一国经济增长的重要驱动力（Brandt 等，2008）[317]。根据新结构经济学，经济体的产业结构内生于要素禀赋结构，而资本要素作为第一要素，属于要素禀赋结构升级的最重要变量。同时，产业结构升级需要技术创新作为保障，而资本投入是技术升级的重要指标，资本深化速度意味着科学技术的创新速度，因而会影响产业结构的升级。县域金融中介可以改善资金供给水平和配置结构，促进县域经济要素的投入与要素生产率的提高。而财政支出作为县域政府行政干预的主要手段，很大程度上影响着县域产业结构调整的速度、质量和效率。

1. 县域金融中介对产业结构升级的影响效应

在一个不确定的环境中，金融中介能够便利资源在不同时间、空间的配置（Bodie 和 Merton，2004）[318]，金融中介具备五个基本功能，即便利风险的交易、规避、分散和聚集，配置资源，监督管理者、促进公司治理，动员储蓄及便利商品和服务的交换（Levine，2002）[319]。通过资本积累和技术进步两个渠道，县域金融中介能够促进县域的产业结构升级。首先，金融中介通过产业资本形成推动产业升级。金融中介将社会储蓄转化为投资，闲置资金流向需要的实体经济。同时，企业将通过金融中介获得的融资，用于企业的创新研发活动，使企业转变发展方式，从产业链的低端走向产业链的高端，实现县域产业的优化升级。其次，金融行业具有一定的信息甄别机制，其能够选择资金对产业的流向。县域金融中介具有追逐高额收益的天性，资金会主动流向那些生产效率高、资本回报率高的产业，使这些产业得到迅速扩大与发展。而对于生产效率低、资本回报率低的行业，资本会选择退出。通过这样一个资本的调配机制，高附加值、效率高的县域产业获得了进一步发展，低附加值、低回报率的县域产业被逐步淘汰。再次，金融的信用催化机制主要是通过金融的信用乘数功能，使得资金可以数倍的快速流向需要的产业，产业内部不能流动的资本转化为货币资本和流动资本，从而进入企业的再生产环节，促进产业的更快速发展，盘活资本市场的流动性。最后，金融中介具备着风险中介的职能，通过风险分散、转移等手段，使县域产业风险在全社会范围内重新配置，这一功能就使得一些由于高风险而被搁置的县域优势项目获得了启动资金，从而实现县域产业优化。

2. 县域财政支出对产业结构升级的影响效应

财政支出是国家进行宏观调控的有效手段，可以弥补市场机制在调整产业升级方面的不足。在市场经济条件下，政府利用财政支出引导资源在不同产业及行业间流动，相应地影响其他投资主体的投资方向和存量资产的重新组合，促进产业结构的优化升级。首先，财政支出能够通过改变县域需求结构影响供给，最终实现产业结构的调整和优化。财政支出通过差别化的税制结构和倾斜政策，改变微观个体的投资收益率，优化投入产出行为，从而改变中间需求和最终需求的比例，进而影响中间产品型产业和最终产品型产业的构成。通过改变私人储蓄偏好、收入分配状况以及边际消费倾向，调整消费需求与投资需求的比例关系，实现优化消费品产业与投资品产业以及各产业内部结构均衡的目标。其次，通过财政支出增加与基础设施等公共产品的供给，发挥政府投资的乘数效应；通过增加教育支出，提升县域劳动者素质；通过增加科技支出，加快县域科技进步和加强创新能力。吸引优质物质资本、人力资本、信息等生产要素宽幅流入县域，形成较强的产业集聚效应，推动县域产业结构优化。最后，通过调节和引导资源的分配方向和变动力度，引导社会和民间资本的流向，扶持县域重点行业和特色产业，促进县域各产业资源配置的优化。

3.1.3　金融中介、财政支出与县域城镇化进程关系

县域金融、财政影响城镇化进程的机理，各自运用的工具、分工以及对经济作用点的不同，影响县域城镇化进程的路径也不同。

1. 县域金融中介对县域城镇化的影响效应

金融中介主要有风险管理、资源配置、提供流动性、提供信息和激励等几大功能。发展中国家的投资主要依赖于内源融资，金融中介通过储蓄存款的方式完成资金的积累。高储蓄率和较高的储蓄投资转化率，在城镇化进程中显得非常关键。首先，县域金融中介通过自身功能保持较高的储蓄率，并将储蓄有效地转化为投资，为县域城镇化建设提供源源不断的资本。其次，县域金融中介能将生产要素集中和集聚。在县域城镇化进程中，土地、劳动力和重要商品等生产要素在空间集聚，而金融中介更大限度地促进生产要素的聚集，这种集聚产生乘数效应，极大地提高了县域城镇化的生产力。最后，县域金融中介具有一定的信息甄别机制，同时具备便利商品和服务交换的职能，可以推动县域产业结构升级和县域高新技术发展，大力提高农民的非农收入，从而推进县域城镇化进程。

2. 县域财政支出对县域城镇化的影响效应

财政支出规模不断扩大属于社会经济发展的客观规律。财政支出是政府干预经济社会的一种手段，不仅体现在财政支出的规模上，也体现在财政支出的结构上。财政支出分为经济性支出和社会性支出两种。经济性支出是指域政府提供的基础设施、基础产业和高新技术行业等支出，社会性支出包括义务教育、基本医疗和社会保障等支出。市场和政府是城镇化建设的两大动力源泉。在中国特色城镇化建设进程中，财政更是发挥着重要作用。首先，财政支出提供县域经济性支出资金来源。城镇作为整个空间经济结构的核心，对人口、资本、信息和知识等各种要素有着较强的集

聚作用。集聚效应得益于良好的基础设施建设，这是构建县域城镇生产和居民生活的前提。经济性支出更多是一种投资性和生产性支出，本质上是一种社会积累，有利于提升县域生产效率，促进县域经济发展，推进县域城镇空间的扩张。其次，财政支出提供县域社会性支出资金来源。县域城镇化建设的进程中催生了大量公共服务需求，社会性支出投放在科学、教育、文化和社会保障等方面，不断满足县域教育、文化和公共福利的需求。社会性支出为县域公共产品供给提供资金保障，直接影响城镇人口的聚集水平与承载能力，吸引农民就近向县域城镇转移，促进县域城镇化协调发展。最后，财政支出引导资源投向县域。通过财税政策，吸引物质资本、人力资本和信息等生产要素流入县域，形成较强的产业集群效应，推动县域产业结构优化。引导社会和民间资本流向县域城镇，扶持县域重点行业和特色产业，促进县域各产业资源配置的优化。

3.1.4　金融中介、财政支出与县域农民人均纯收入增长关系

随着经济的发展，农村劳动力流动的障碍逐渐被打破，农民收入结构也发生变化。县域金融中介和财政支出可能通过影响资本存量、产业结构升级、农村劳动力的转移和人力资本积累等渠道，影响县域农民人均纯收入增长。

1. 县域金融中介对农民人均纯收入增长影响的路径

在县域经济发展中，金融中介发挥着很重要的作用。金融中介通过提供不同的金融产品和金融服务，动员和配置社会闲散资金、监督这些资金的使用、促进资金流动并分散经济运行中的风险。金融中介具有五个基本功能，即便利风险的交易、规避、分散和聚集，配置资源，监督管理者、促进公司治理，动员储蓄以及便利商品和服务的交换。金融中介通过资本积累和技术进步两个渠道，促进经济增长（Levine 等，1992）[320]。然而，由于中国金融的二元结构特征，县域金融中介所具有的特殊性，使其与农民人均纯收入增长的关系呈现更加复杂的传导路径。金融中介的这些功能，对农民收入的影响更具多样性和复杂性

一国金融发展可能通过劳动力市场对收入分配产生影响（Townsend 和 Ueda，2006）[321]。随着经济的发展，农民收入结构发生很大变化。劳动力流动障碍的逐渐消除，农民越来越依赖于从非农产业取得收入。因此，影响和决定农民收入的因素由非农业和农业这两种收入渠道构成。首先，县

域金融中介将县域的储蓄转化成投资，乡镇企业、中小企业和农民由此获得投资资本，提高了固定资产投资的效率，资本积累成为金融中介促进农民收入的更有效的途径。其次，金融中介发挥引导作用，把资金配置到投资收益率高、市场竞争力强的产业。金融中介通过资本积累和技术进步两个渠道，引导县域产业向适应市场的方向发展，提高产业的技术水平及市场竞争力。包括劳动等经济要素的相应增加，促进农业产业的多样化以及产业升级，实现更多劳动力就业。再次，资本追逐最大回报，金融中介发挥资源配置的作用。引导劳动力要素、资本要素等在产业间自由流动，并且流向高生产率行业，促进县域第二、三产业的发展，实现农民劳动力的转移，增加农民非农业工资性收入。最后，县域金融中介状况的改善，使农民更加容易获得贷款，一方面扩大再生产，生产经营中应用了较多的农业新技术及经营的新模式；另一方面更愿意将资金投在教育、培训、健康和迁移四个方面。农民在人力资本上的投入，对农民的家庭经营纯收入和工资性收入都具有积极作用。

2. 县域财政支出与农民人均纯收入增长关系

县域财政支出是调节县域经济的重要手段。它的经济性和社会性支出增加都有助于带动县域经济的发展，通过特定的机制和途径直接或间接影响农民收入。首先，县域的基本建设支出项目能够形成对农民的需求，农民参加建设取得务工收入、提供原材料和从事有关经营收入的机会和空间，带动农民参加各种建设和创业，从而增加农民收入。其次，支援农业支出属于与农业生产经营挂钩的财政支出项目，改善了农业生产投资环境，在生产要素投入不变情况下，降低农业生产成本，提高了单位投入的产出，从而增加家庭经营性收入。县域财政支出可以形成农村公共产品和服务，为农民生产生活创造条件，减少生活成本，促进农民生产产品价值的实现，增加农民收入。再次，县域教育、科学、医疗卫生和社会保障支出可以提升农民的科技、文化和健康水平，增强农民从事农业及非农生产的基本技能、学习及适应能力，一定程度上提升劳动者素质，提高生产效率和收益。同时，又能引导农村剩余劳动力向外转移和就业，进而带来农民的非农工资性收入增长。其中的救济费、良种补贴等项目属于社会保障支出，这部分支出在政策实施当年直接转化为农民转移性收入。最后，县域行政管理等方面的支出对农民收入的影响难以衡量，但是这些支出在提供公共管理服务、维持社会秩序及保障安全等方面为农民生产生活创造条件，这也是农民增加收入不可或缺的条件。

3.1.5 金融中介、财政支出与县域人力资本提升关系

人力资本提升是对人力资本不断投资并实现增值的过程，物质资本投资的增加可以对人力资本积累产生外部正效应。因此，一方面，金融中介和财政支出都可通过增加物质资本的投资间接提高人力资本水平；另一方面，也可以通过增加人力资本投资和提高人力资本生产效率直接促进人力资本积累。

1. 县域金融中介对县域人力资本的影响效应

金融中介能够促进储蓄有效率地转化为投资，实现金融资源有效率的配置，同时金融中介还有风险管理、流动性供给、价格发现、信息提供和提供激励等功能（Bodie 等，2000）[322]。金融中介通过发挥吸收县域储蓄资金、缓解信贷约束、消除流动性风险、分散物质资本和人力资本投资风险等功能，不仅可以增加人力资本投入和提高人力资本生产效率，直接促进人力资本积累，还借助于物质资本投资对人力资本积累的正外部性，间接提高了人力资本存量水平。首先，物质资本和人力资本均为经济增长的源泉，物质资本对人力资本产生外部正效应（Gregoir，1999）[323]。县域金融中介通过自身功能保持较高的储蓄率，并将储蓄有效地转化为投资，为县域城镇化基础设施建设提供源源不断的资本。城镇化通过集聚产业和人口、吸引外资、降低交易成本提高匹配度、增加贸易自由度，促进人力资本的积累。同时，县域城镇化也通过提供县城教育场地、医疗保障、文化休闲等方式，使得县域人力资本大幅度提升。其次，从劳动分工的角度，金融中介影响劳动分工，如此"干中学"和企业家才能形成（Cooley 和 Smith，1998）[324]。金融中介可以通过资本积累和技术进步两个渠道，改变物质资本投资方式，县域金融中介能够促进县域的产业结构升级。县域产业结构升级能够推动劳动力市场对劳动力需求变化，提高了人力资本利用效率和效益，增加劳动者收入和企业利润，影响人力资本投资主体对人力资本投资的决策，形成新的人力资本供给，从而增进人力资本的积累。再次，金融中介增加教育投资，提高人力资本生产效率，这是金融中介促进人力资本提升最为重要的途径。金融中介对教育的借贷支持，能减缓人们对于收入冲击下的预防性储蓄，降低流动性约束（施建淮等，2004）[325]，从而能使更稳定的资金流向教育投资，有效提升人力资本。一方面，金融中介向教育产业提供资金，直接增加教育投入；另一方面，金

49

融中介向教育者提供消费信贷，促进教育和劳动的分工，提高了教育的效率。同时，金融中介降低人力资本投资风险，鼓励个体教育投资。最后，金融中介发挥着对产业集聚的促进作用。产业集聚带来产业分工细化、工艺过程专业化和精密化，对劳动者素质要求不断提高，企业必须适应市场变化，主动进行自身的产品创新、技术创新、市场创新和制度创新。熟练的劳动力和独特的信息传播产生了技术溢出，促进了县域专业化人力资本的竞争与积累，激发和带动了企业人力资本的形成与提升。

2. 县域财政支出对人力资本的影响效应

县域财政支出是政府调控公共财政资源方向和规模的一种手段，包括经济性支出和社会性支出。其中，经济性支出用于政府提供的基础设施、基础产业等支出，社会性支出包括义务教育经费、基本医疗和社会保障等支出。为了行使公共权力以及发挥其公共职能的需要，政府对人力资本进行投资。首先，财政支出提供县域经济性支出资金来源，更多是投资性和生产性支出。经济性支出投向县域基础设施、城镇化和产业结构升级。这种物质资本积累直接作用于劳动力供给、资本规模、投向和技术进步等，有利于提升县域生产效率，对人口、资本、信息和知识等各种要素有着较强的集聚作用，从供给方面提升县域人力资本的效应。其次，财政支出提供科技支出资金来源，促进县域科技创新。科研资金投入能够增强县域实体经济的技术创新能力，从而带来技术的进步。科技进步会提高对县域劳动力素质的需求，扩大高素质劳动力需求的缺口。这会导致县域劳动力的供求不平衡，产生收入不均的现象，从而使高素质劳动力获得了更高的人力资本回报。因此，财政科技支出增强县域劳动力对人力资本投资的意愿，激发自我人力资本投资，从而促进了县域人力资本水平提升。最后，财政支出提供社会性支出资金来源，增强公共医疗卫生事业投资。一是财政教育支出投向县域教育领域，其中投在基础教育的财政支出可以促进县域一般性人力资本积累；投在职业和高等教育的财政支出可以促进县域专业性人力资本积累。二是财政支出中用于医疗、卫生等方面的投入属于健康投资指标，也是形成人力资本积累的另一个关键性因素。所以，财政支出支持县域医疗卫生基础设施建设，改善医疗卫生服务质量，加快完善县域职工和农民医疗保险体系。三是财政支出提供社会保障资金来源，确保人力资本在教育和非教育方面的投资。县域社保资金对政府和家庭的教育投资产生直接影响，同时财政支出通过家庭的生育率和劳动者的退休决策，间接影响对县域人力资本的教育投资。一方面，社保满足县域劳动力在医疗卫生等方面的保障需求，提升人力资本的健康水平；另一方面，通过劳动力的迁移影响人力资本的优化配置效率，促进县域人力资本积累。

3.2　数理模型

本章利用包含金融、财政因素的柯布—道格拉斯生产函数，采用面板平滑转换回归模型的方法，分别拓展了县域金融中介、财政支出和县域经济发展的协同模型。

3.2.1　CD 生产函数

著名经济学家 Geddes（1884）[326] 在《经济学原理》一书中最早提出了生产函数理论。学者 Heady 和 Dillon（1961）[327] 则提出了生产函数的概念，该概念源自生物科学与自然科学。从本质来看，生产函数揭示了生产过程中，生产要素与最大产出之间的经济技术关系。Cobb 和 Douglas（1931）利用美国制造业的统计数据，得出了柯布—道格拉斯生产函数（$Q = AK^a L^{1-a}$）。其中，Q 为产出值，L 为投入劳动，K 为资本存量，A 为效率参数（$0 < a < 1$）。该模型的一般化形式为：$Q = AK^a L^{\beta}$。Cobb 和 Douglas 运用计量经济学方法得到的 CD 生产函数用来分析国民收入在工人和资本家之间的分配，并通过它来证实边际生产率原理的正确性。柯布—道格拉斯生产函数模型凭借其参数良好的经济意义和经济解释，使其在经济学中得到了非常广泛的应用。

3.2.2　面板平滑转换模型

PSTR 面板平滑转换模型（González 等，2000）[328] 是对 PTR 面板门槛回归模型（Hansen，1999）[329] 的进一步拓展，它用一个连续的转换函数替代 PTR 模型中离散的示性函数，不仅可以更好地把握面板数据的截面异质性，而且允许模型参数随转换变量的变化而作连续的、平滑的非线性转移，这更贴近于经济现实。

包含高、低机制 PSTR 模型的基本形式可以表示为

$$y_{it} = \mu_i + \beta'_0 x_{it} + \sum_{j}^{m} \beta'_1 x_{it} g(q_{ijt}(j); \gamma, c_j) + \varepsilon_{it} \tag{3-1}$$

其中，$i=1$，2，$\cdots$，N，$t=1$，2，$\cdots$，T，y_{it} 为被解释变量。

其逻辑函数的设定形式为

$$g_z(q_{it};\gamma,c) = \left[1 + exp\left(-\gamma \prod_j^m (q_{it} - c_j)\right) \right]^{-1} \qquad (3-2)$$

其中，$\gamma > 0, c_1 < c_2 < c_3 < \cdots \leqslant c_m$

模型克服了传统门槛分析方法的缺陷，不需要给定非线性方程的形式、门槛值及其数量，完全由样本数据内生决定；其依据渐近分布理论建立待估参数的置信区间，可以运用 bootstrap 方法估计门槛值的统计显著性等优点，从而更好地检验不同金融财政发展水平下，协同程度对经济发展的影响。利用固定效应模型假设每个样本个体均为独立同分布，即每个样本个体都拥有自己固定、独特的截距项来表现观察个体独有的特质，减小模型的共变系数，增强估计结果的有效性（Hansen，2000）[330]。

采用面板平滑门槛回归模型（PSTR）作为分析工具，可以把金融财政作为转换变量引入模型，并且引入交互项，构建非线性的协同模型。这样，不仅使得模型的回归系数在不同"区制"之间平滑转换，位置参数的 m 维向量决定模型动态变化发生的不同位置或门限（Granger 和 Teräsvirta，1995；Teräsvirta，1994；Jansen 和 Teräsvirta，1996）[331-333]。还能够捕捉不同个体的异质性，而且在探讨县域金融中介、财政支出对县域经济发展的影响时，能真实刻画金融财政的阶段性差异。本书将进一步建立 PSTR 协同模型进行实证分析，验证理论分析得出的推论，以更加准确识别县域金融中财政支出对县域经济发展影响的协同门槛值。

3.2.3 协同模型设定

20 世纪 30 年代，Cobb 和 Douglas（1931）利用美国制造业的统计数据，得出了柯布—道格拉斯生产函数，CD 生产函数广泛地应用于研究生产的投入产出关系，然而它的数学模型是非线性的。它的一般形式为

$$Q(t) = A(t) K(t)^{\alpha} L(t)^{\beta} \qquad (\alpha > 0, \ \beta > 0) \qquad (3-3)$$

其中，$Q(t)$、$K(t)$ 和 $L(t)$ 分别是 t 时期的产出值、资本存量和雇佣劳动力，产出值对资本存量和雇佣劳动的弹性总和等于 1；满足 $dQ/dK > 0, dQ/dL > 0, d^2Q/dK^2 < 0, d^2Q/dL^2 > 0$；$A(t)$ 代表效率参数，在给定的资本和劳动力水平上，由于技术进步所带来的产出的增加量，假定 $A(t) = A(0)e^{gt}$，g 为常数。

为了考察金融市场对经济增长的影响，Webb（2000）[334] 对 CD 生产函

数进行修正，在假定金融行业呈现规模报酬不变的希克斯中性前提下，新的增长模型如下：

$$Q(t) = Z(t) A(t) K(t)^{\alpha} L(t)^{1-\alpha} \qquad (0 < \alpha < 1) \qquad (3-4)$$

本书同时考察了金融（CFI_{it}）与财政（PFE_{it}）两个部门的活动影响，具体形式为

$$\begin{aligned} Z(t) &= Z(0) exp F_{it} \\ &= Z(0) exp(CFI_{it} + PFE_{it}) \end{aligned} \qquad (3-5)$$

将式（3-2）两边除以 $L(t)$，得到人均方程：

$$Q(t)/L(t) = Z(t) A(t) (K(t)/L(t))^{\alpha} \qquad (0 < \alpha < 1) \qquad (3-6)$$

两边同时取对数，可得：

$$\begin{aligned} In(Q(t)/L(t)) &= InZ(0) + InA(t) + aIn(K(t)/L(t)) \\ &= lnZ(0) + CFI_{it} + PFE_{it} + lnA(t) + aln(K(t)/L(t)) \end{aligned} \qquad (3-7)$$

将式（3-7）关于 t 进行求导数，加入控制变量后，将它转换为面板数据计量模型，形式如下：

$$y_{it} = \beta_{00} + \beta_{01} F_{it} + \sum_{j=1}^{n} \beta_j x_{it} + \varepsilon_{it} + \mu_i \qquad (3-8)$$

为了分析各地县域金融中介、财政支出（F_{it}）与县域经济发展（y_{it}）的关系，首先构建如下线性面板模型，说明如下：y_{it} 代表 i 省 t 年的产出，即县域经济发展水平；CFI_{it} 为县域金融中介投放水平；PFE_{it} 为县域财政支出水平；STR_j 为其他控制变量，j 为控制变量的个数。μ_i 为各地区间差异的非观测效应；ε_{it} 为随机扰动项，属于均值为零的白噪声序列，而且是同方差的正态分布。

由于式（3-8）并没有考虑不同发展水平下县域金融中介、财政支出对县域经济增长协同效应的差异，为考虑随着发展水平的变化，县域金融中介和财政支出对县域经济发展的影响可能存在的差异，本书借鉴 PSTR 模型的构建原理，将式（3-8）进一步扩展为

$$y_{it} = \beta_{00} F_{it} + \sum_{j=1}^{n} \beta_{j0} STR_{j,it} + \left(\beta_{00} F_{it} + \sum_{j=1}^{n} \beta_{j0} STR_{j,it} \right) g_z(q_{it}; \gamma, c) + \varepsilon_{it} + \mu_i$$

$$(3-9)$$

其中，$g_z(q_{it}; \gamma, c)$ 为转换函数，为可观测状态转换变量 q_{it} 的连续有界（$0 \leqslant q_{it} \leqslant 1$）函数。

本书旨在研究县域金融中介、财政支出与县域经济增长的非线性影响，因此选取县域金融中介（CFI_{it}）、财政支出（PFE_{it}）作为转换变量。γ

为斜率系数，决定转换的平滑速度；c 为转换发生的位置参数，决定转换发生的位置。如何选取 $h_z(q_{it};\gamma,c)$ 的逻辑函数设定形式如下：

$$h_z(q_{it};\gamma,c) = \left[1 + exp\left(-\gamma\prod_{j=1}^{m}(q_{it}-c_z)\right)\right] - 1 \tag{3-10}$$

$$\gamma > 0,\ c_1 < c_2 < c_3 < \cdots \leqslant c_m$$

其中，m 表示转换函数 $h_z(q_{it};\gamma,c)$ 含有的位置参数的个数，经常取值为 1 或者 2。当 $m=1$ 时，转换函数 $h_z(q_{it};\gamma,c)$ 只有一个位置参数；当 $m=2$ 时，转换函数 $h_z(q_{it};\gamma,c)$ 包含两个位置参数。

$$h_z(q_{it};\gamma,c) = \{1 + exp[-\gamma(q_{it}-c)]\} - 1,\ \gamma > 0 \tag{3-11}$$

显然 $\lim\limits_{qit\to\infty}h_z(q_{it};\gamma,c) = 0$，且 $\lim\limits_{qit\to\infty}h_z(q_{it};\gamma,c)g_z(q_{it};\gamma,c) = 1$。$h_z(q_{it};\gamma,c) = 0$ 时，对应的 PSTR 模型式（3-9）退化为式（3-8）形式，表现为 low regime。当 $h_z(q_{it};\gamma,c) = 1$ 时，对应的 PSTR 模型式（3-9）退化为一个多元面板回归模型，表现为 high regime，其形式为

$$y_{it} = (\beta_{00} + \beta_{01})CFE_{it} + (\beta_{10} + \beta_{11})PFE_{it} + \sum_{j=1}^{n}(\beta_{j0}+\beta_{j1})STR_{j,it} + \varepsilon_{it} + \mu_i \tag{3-12}$$

当 $h_z(q_{it};\gamma,c)$ 转化函数在 0~1 之间连续变化时，所采用的逻辑函数表示为转换变量 q_{it} 的连续平滑函数，所对应的 PSTR 模型式（3-9）就在低机制和高机制之间作连续的非线性结构转换。就本书而言，这种平滑转换的经济意义可表述为：金融、财政在非协同区制发展水平区间对应 $h_z(q_{it};\gamma,c)$，协同区制水平区间对应 $h_z(q_{it};\gamma,c) = 1$，分别对应着两种不同的体制状态，随着县域金融、财政从非协同区制阶段向协同区制阶段发展，县域经济增长表现出非线性的结构变化。当 $m=2$ 时，$h_z(q_{it};\gamma,c)$ 含有两个位置参数：

$$g_z(q_{it};\gamma,c) = \{1 + exp[-\gamma(q_{it}-c_1)(q_{it}-c_2)]\} - 1 \tag{3-13}$$

式（3-11）中，$h_z(q_{it};\gamma,c_1,c_2)$ 关于 $(c_1 + c_2)/2$ 对称，并在该点达到最小值，所对应的体制称为中间体制。特别地讲，若 $q_{it}=c$ 或者 $\gamma\to 0$，$h_z(q_{it};\gamma,c) = 1/2$ 时，PSTR 模型退化为线性固定效应模型，模型就不存在平滑转移特征；若 $\gamma\to+\infty$ 时，$m=1$，PSTR 模型退化为 PTR 模型。因此，线性固定效应模型和 PTR 模型都是 PSTR 模型的特殊形式。在 PSTR 模型式（3-9）中，y_{it} 关于 F_{it} 的边际效应可以表示为

$$e_{it} = \frac{\partial CED_{it}}{\partial F_{it}} = \frac{\partial CED_{it}}{\partial CFI_{it} + PFE_{it}}$$

$$= \beta_{00} + \beta_{01} h_z(q_{it};\gamma,c); \forall_i, \forall_{t?} \tag{3-14}$$

由于 $0 \leq h_z(q_{it};\gamma,c) \leq 1$，所以 e_{it} 实际上是 β_{00} 和 β_{01} 的加权平均值，系数 β_{00} 为正（负），表示 F_{it}（$CFI_{it}+PFE_{it}$）对 CED_{it} 的影响随着转换变量的增加（减少）而增加（减少）。在对 PSTR 模型进行估计之前，需要进行异质性检验，判断模型是否存在非线性效应，也即检验是否适合建立 PSTR 模型。一般通过 $r = 0$ 处对进行一级泰勒级数展开构造线性辅助回归，然后分别估计线性固定模型和线性辅助回归模型，并且构造渐进等价的 LM、LM_F 和 LR_T 统计量进行检验。如果检验拒绝原假设（H_0：$r = 0$），则需进一步进行"剩余非线性效应检验"，即检验是否只存在一个转换函数（H_0：$r = 1$），还是至少包括两个转换函数（H_1：$r = 2$）。在 $r = 2$ 的情况下，式（3-9）可以表示为

$$y_{it} = \beta_{00}F_{it} + \sum_{j=1}^{n}\beta_{j0}STR_{j,it} + \left(\beta_{01}F_{it} + \sum_{j=1}^{n}\beta_{j0}STR_{j,it}\right)g_1(q_{it};\gamma_1,c_1) +$$

$$\left(\beta_{02}F_{it} + \sum_{j=1}^{n}\beta_{j2}STR_{j,it}\right)g_2(q_{it};\gamma_2,c_2) + \varepsilon_{it} + \mu_i \tag{3-15}$$

若检验又一次拒绝原假设，则再次检验 H_0：$r = 2$ 与 H_1：$r = 3$，直到不能拒绝原假设 H_0：$r = r^*$ 为止。此时，$r = r^*$ 则为 PSTR 模型包括的转换函数个数。根据这种检验方法，选择面板平滑转移模型估计所需的最佳转换函数个数。

本书考察金融中介、财政支出对县域经济发展是否存在协同（交互）效应。Mishra and Nielsen（2000）[335] 通过引入董事会独立性与薪酬激励交叉项来考察二者的交互关系。Webb 等（2002）[336] 引入保险和银行的乘积项来研究两个行业的协同（交互）效应。引入交互项来验证变量之间的关系，这种做法在学术界普遍应用。设定模型是可以接受的，若乘积项的斜率系数为正，则一个变量的边际效应随着另一个变量的增加而递增，因此两者之间存在一种协同（依赖）关系；反之，若乘积项的斜率系数为负，则一个变量的边际效应随着另一个变量的增加而递减，因此两者之间存在一种非协同（竞争）关系。依据上述思想，在基本模型的基础上加入交互项，建立非线性的协同模型：

$$y_{it} = \beta_{00}CFI_{it} \times PFE_{it} + \sum_{j=1}^{n}\beta_{j0}STR_{j,it} + \beta_{00}F_{it} + \left(\beta_{00}CFI_{it} \times PFE_{it} + \beta_{00}F_{it} + \sum_{j=1}^{n}\beta_{j0}STR_{j,it}\right)$$

$$\left(1 + exp(-\gamma(q_{it} - c_j))\right) - 1^+ \varepsilon_{it} + \mu_i$$

$$\tag{3-16}$$

3.2.4 县域经济发展协同模型[①]

根据前一章的文献和理论梳理，县域经济发展不仅是经济的增长，也是质量的提高，以人为本，经济社会的全面、协调、可持续发展。不仅仅包括县域产出量的增加，也包括随着县域产出的增加而出现的经济结构升级、农民增收、城乡统筹、文化水平的提高。因此，县域经济发展是一个多维度的结构，包含了县域经济增长（IGP_{it}）、县域产业结构升级（CIU_{it}）、县域城镇化进程（CIU_{it}）、县域农民人均纯收入增长（FR_{it}）和县域人力资本提升（HCE_{it}）五个方面。所以，基于考察县域金融中介、财政支出因素对县域经济发展的影响，本研究在 Mishra 等（2000）、Webb 等（2002）的成果基础上，引入金融、财政变量，拓展 CD 生产函数，引入交互项，本书所建立的多变量面板平滑转换模型，其具体设定形式如下：

$$IGP_{it} = \beta_{00}CFI_{it} \times PFE_{it} + \beta_{10}AST_{it} + \beta_{20}LAB_{it} + \beta_{30}RPI_{it} + \beta_{40}POP_{it} + \beta_{50}F_{it}$$
$$(\beta_{01}CFI_{it} \times PFE_{it} + \beta_{11}AST_{it} + \beta_{21}LAB_{it} + \beta_{31}RPI_{it} + \beta_{41}POP_{it} + \beta_{51}F_{it})$$
$$(1 + exp(-\gamma(q_{it} - c_j)))^1 + \varepsilon_{it} + \mu_i$$

$$(3-17)$$

$$CIU_{it} = \beta_{00}CFI_{it} \times PFE_{it} + \beta_{10}AST_{it} + \beta_{20}LAB_{it} + \beta_{30}RPI_{it} + \beta_{40}POP_{it} + \beta_{50}F_{it}$$
$$(\beta_{01}CFI_{it} \times PFE_{it} + \beta_{11}AST_{it} + \beta_{21}LAB_{it} + \beta_{31}RPI_{it} + \beta_{41}POP_{it} + \beta_{51}F_{it})$$
$$(1 + exp(-\gamma(q_{it} - c_j)))^1 + \varepsilon_{it} + \mu_i$$

$$(3-18)$$

$$CUP_{it} = \beta_{00}CFI_{it} \times PFE_{it} + \beta_{10}AST_{it} + \beta_{20}LAB_{it} + \beta_{30}RPI_{it} + \beta_{40}POP_{it} + \beta_{50}F_{it}$$
$$(\beta_{01}CFI_{it} \times PFE_{it} + \beta_{11}AST_{it} + \beta_{21}LAB_{it} + \beta_{31}RPI_{it} + \beta_{41}POP_{it} + \beta_{51}F_{it})$$
$$(1 + exp(-\gamma(q_{it} - c_j)))^1 + \varepsilon_{it} + \mu_i$$

$$(3-19)$$

$$FR_{it} = \beta_{00}CFI_{it} \times PFE_{it} + \beta_{10}AST_{it} + \beta_{20}LAB_{it} + \beta_{30}RPI_{it} + \beta_{40}POP_{it} + \beta_{50}F_{it}$$
$$(\beta_{01}CFI_{it} \times PFE_{it} + \beta_{11}AST_{it} + \beta_{21}LAB_{it} + \beta_{31}RPI_{it} + \beta_{41}POP_{it} + \beta_{51}F_{it})$$
$$(1 + exp(-\gamma(q_{it} - c_j)))^1 + \varepsilon_{it} + \mu_i$$

$$(3-20)$$

$$HCE_{it} = \beta_{00}CFI_{it} \times PFE_{it} + \beta_{10}AST_{it} + \beta_{20}LAB_{it} + \beta_{30}RPI_{it} + \beta_{40}POP_{it} + \beta_{50}F_{it}$$
$$(\beta_{01}CFI_{it} \times PFE_{it} + \beta_{11}AST_{it} + \beta_{21}LAB_{it} + \beta_{31}RPI_{it} + \beta_{41}POP_{it} + \beta_{51}F_{it})$$
$$(1 + exp(-\gamma(q_{it} - c_j)))^1 + \varepsilon_{it} + \mu_i$$

$$(3-21)$$

---

① 注：本部分推动式（3-17）~式（3-21）为后文所指的协同模型 17-21。

3.3 本章小结

在理论分析部分，金融作为现代经济的核心，在经济发展过程中发挥着重要的支撑和促进作用。金融中介不同的融资模式通过提供不同的金融产品和金融服务，动员和配置社会闲散资金、监督这些资金的使用、促进资金流通并分散经济中的风险。县域金融中介必然通过不同的传导途径对县域经济增长、产业结构、城镇化、农民人均纯收入增长和人力资本产生作用，其对县域经济发展的影响效应也不尽相同。财政支出是国家进行宏观调控的有效手段，政府利用财政支出引导社会资源和要素在各类行业中合理流动和配置，相应地影响其他投资主体的投资方向和存量资产的重新组合。县域财政支出是调节县域经济的重要手段，其经济性和社会性支出通过特定的机制和途径直接或间接影响县域经济增长、产业结构、县域城镇化、农民人均纯收入增长和人力资本产生作用。

在数理模型部分，为了考察金融、财政对产出的影响，本章在假定金融、财政呈现规模报酬不变的希克斯中性前提下，建立新的增长模型。基于考察县域金融中介、财政支出因素对县域经济发展的影响，本章在 Webb 等（2002）的成果基础上，引入金融、财政变量，拓展 CD 生产函数。本书旨在探讨县域金融中介、财政支出对县域产业结构升级是否存在协同效应，并引入交互项来验证变量之间的关系。为考虑其随发展水平的变化，县域金融中介和财政支出对县域经济发展的影响可能存在的差异，本章借鉴 PSTR 模型的构建原理，以县域金融中介、县域财政支出为自变量，分别建立了县域经济增长协同模型、县域产业结构升级协同模型、县域城镇化协同模型、县域农民人均纯收入增长协同模型和县域人力资本提升协同模型 5 个模型。

4 样本选取与描述统计

科学研究的基本要求就是高质量的数据。本章将介绍本书样本选择、数据来源及基本指标的具体处理过程，并对中国县域经济发展各项指标数据进行描述性分析。

4.1 样本

本书从 31 个省、5 个自治区和 4 个直辖市的县域中，选取 1993 个有代表性的县域进行实证分析。县域是由县级市、县、自治县、旗、自治旗组成。本书的研究范围不包括市中心辖区，涵盖偏远的县级市、区以及其余县级单位。

4.1.1 变量

本书原始数据来自《中国县（市）社会经济统计年鉴》《中国区域社会经济统计年鉴》《中国统计年鉴》《中国劳动统计年鉴》和《中国人口年鉴》。

4.1.2 数据说明

本书利用 1999—2018 年的全国 31 个省、5 个自治区和 4 个直辖市 1993 个县域的面板数据，基于县域金融中介和财政支出的协同视角，研究我国县域经济增长效应，并考察其中的非线性特征和协同互动效应。鉴于数据的可得性和一致性，本书以 1999—2018 年中国的县域经济面板数据为研究对象，剔除数据不全的县域，最终获得 1993 个样本，其中包括 1361 个县、94 个区、385 个县级市和 153 个少数民族自治县（旗）。实证分析时，为了克服可能存在的异方差问题，对所有数据进行了处理。

4.2 数据来源与处理过程

本节将从中国县域经济发展水平、县域金融中介、县域财政支出等指标对中国县域的情况进行简单描述。

4.2.1 县域经济发展变量

1. 县域经济增长变量

在金融、财政与经济增长关系的实证文献中，用以衡量经济的增长量无外乎两种，即人均 GDP 增长率和人均实际 GDP。国内许多学者在对县域经济发展水平进行研究时，大多采用以收入反映县域人均 GDP。经济增长涉及的因素多而复杂，许多变量都以存量形式出现在模型中，若采用人均 GDP 增长率或人均 GDP 这一流量指标，可能影响模型的拟合度。因此本书采用人均生产总值（GDP_{it}）指标来衡量县域经济发展水平（CED_{it}）。与多数经验分析中直接采用指标变量的增长率或比重不同，本书在实证分析时对人均生产总值（GDP_{it}）变量均取自然对数，记为 $lngdpper$。取自然对数作为被解释变量（IGP_{it}）有两大好处：一是符合经济增长理论的一般形式，即扩展的 CD 生产函数；二是由于我国县域数据统计的口径不一致，将指标取对数，最后利用对数来进行实证分析，可以在一定程度上减少原始数据误差对最终结果的影响。所以，数据取自《中国县域统计年鉴》和《中国人口统计年鉴（1999—2018）》，依据 1998 年不变价格计算实际人均 GDP。

2. 县域产业结构升级

中国县域当前正处于产业结构升级的关键时期，根据 Padre-Clak 定理和中国县域发展的实际情况，将产业结构升级率（CIU_{it}）作为模型的被解释变量 S。计算公式为 $CIU_{it} = 1 \times S_1 + 2 \times S_2 + 3 \times S_3$，其中，$S_1$、$S_2$、$S_3$ 分别表示第一产业、第二产业和第三产业增加值所占 GDP_{it} 的比重，CIU_{it} 取值范围为 $1 \leqslant CIU_{it} \leqslant 3$，当产业结构升级系数趋于 1 时，县域产业结构的层次相对较低，地区的产业升级速度较慢；反之，当产业结构升级系数趋于 3 时，县域产业结构的层次相对较高，地区的产业升级速度较快。

3. 县域城镇化进程

以县域城镇人口占总人口比重作为县域城镇化率的量化指标，能够衡量县域经济社会城镇化发展进程。目前，县域城镇化率的计算方法有两种，即常住人口和户籍人口的城镇化率。为了与国际接轨，本书以常住人口计算方法来衡量县域城镇化进程，记为 CUP_{it}，即 CUP_{it} = 县域城镇人口/县域常住总人口。

4. 县域农民人均纯收入增长变量

农民人均纯收入为剔除农民医疗、教育、消费等必要支出后的剩余收入，是农民能够从事其他活动必要的资金来源。用农民人均纯收入增长衡量城乡收入差距，也直接反映农民生产力投入和产出效率。本书采用农民人均纯收入的年实际增长率，记为 FR_{it}。

5. 县域人力资本存量水平

人力资本水平的衡量方法主要有劳动者报酬法、教育程度法、技术等级法、教育经费法等。结合中国县域的实际以及统计数据的可获得性和可靠性，大部分学者把系统教育看成形成和衡量人力资本的主要变量，因而采用教育年限法来衡量人力资本水平。教育年限法基于这样一种假设，受教育水平越高的人获取知识、信息、知识运用及职业选择等方面的能力越强，因而其人力资本对经济社会发展的影响力越大。人力资本教育年限总和法是各级教育水平劳动力人数与其累计受教育年限乘积的总和（Barro 和 Lee，1996)[337]，它反映了现有劳动力接受的总的受教育年限。

本书使用平均受教育年限作为县域人力资本水平的衡量指标，尽管存在一定的缺陷，但由于其直观简单、数据容易获取等优点，在相当长一段时间内仍然是中国人力资本测算的一种可行的基本方法。基于数据的可得性和方法的通用性，本书采用人均受教育年限法对 1993 个县域的人力资本水平进行测算，考虑到县级政府承担的是基础教育阶段的财政投入（蔡昉等，1999)[338]，根据各级受教育程度教育年限的规定，本书将县域受教育程度分为四个层次，分别为未上过学、小学、初中和高中，对各级教育年限的规定分别为 0 年、6 年、9 年和 12 年。为了度量县域不同劳动力之间所含人力资本的差异性，基本方法为将劳动力分类，按照不同劳动力的人力资本特质加权求和，再除以县域总体劳动力人数，得到县域人力资本平均水平。在 $HCE_t = \sum_{i=1}^{5} N_{it} \times y_i \div L_i$ 中，HCE_{it} 是第 t 年的县域人均人力资本存量，N_{it} 为第 t 年的第 i 层次学历程度的劳动力数量，y_i 是 i 层次学历的受教育年限，L_i 是第 t 年的县域劳动力总数。从上述人力资本存量公式考量县域劳动力受教育年限，人力资本存量可以分为 4 个层次。文盲或半文盲（y_1）

设定为第 1 层次，受教育年限为 0 年；小学文化（y_2）设定为第 2 层次，受教育年限为 6 年；初中文化和技校（y_3）设定为第 3 层次，受教育年限为 9 年；高中文化、中专和职高（y_4）设定为第 4 层次，受教育年限为 12 年。

4.2.2　县域金融中介与财政支出变量

1. 县域金融中介变量

在中国资金配置体系中以银行体系为中介机构主体，借款单位以间接融资占据主导地位，而中国的银行体系又以存款货币银行为主，因此对中国的金融中介发展指标主要以存款货币银行为研究对象。基于数据获取的难易程度及比较的客观性，对于县域金融中介的发展，本书从规模扩张角度将其定义为县域金融中介机构各项贷款占 GDP_{it} 的比重，以其作为县域金融中介发展的规模指标。这一指标不仅可以反映银行和其他中介机构业务规模的变化，还可以反映资金配置在县域经济中的活跃程度。本书采用该指标反映我国县域金融中介的发展水平，记为 CFI_{it}。

2. 县域财政支出变量

财政支出是政府干预社会经济的一种手段，反映政府调控资源的力度。按照 CD 生产函数形式，这里将行政管理支出等一般维持性支出忽略，县域财政支出包括县域经济性支出和社会性支出。本书的财政支出是经济支出和社会性支出之和，也就是县域财政一般公共预算支出。选择县域财政一般预算支出占县域 GDP 的比重作为解释指标，记为 PFE_{it}。

4.2.3　控制变量

考虑到影响县域经济发展的因素很多，因此，还有必要在模型中引入控制变量来表示这些重要因素。为了解决遗漏变量问题，参考以往的研究成果，也在实证模型中增加了必要的控制变量。

1. 县域固定资产投资水平（AST_{it}）。用以控制各县域固定资产投资水平变化对县域经济增长的影响，该变量由中国县域固定资产投资额/县域实际 GDP 得到，其中县域固定资产投资额数据来自《中国县域统计年鉴》和《中国统计年鉴（1999—2018）》。

2. 县域劳动力就业水平（LAB_{it}）。用以控制各县域劳动力就业水平差异对县域经济发展的影响，该变量用县域从业人员数占县域总人口数的比重来表示。数据来自相关年份《中国县域统计年鉴》和《中国劳动统计年鉴（1999—2018 年）》。

3. 县域物价指数增长率（RPI_{it}）。用以控制各县域物价指数增长率变化对县域经济发展的影响，该变量采用中国县域零售物价指数环比增长率表示。零售价格指数来自《中国县域统计年鉴》和《中国统计年鉴（1999—2018 年）》，以 1999 年为基期。

4. 县域人口增长率（POP_{it}）。用以控制各县域人口增长率对县域经济发展的影响。该控制变量采用县域人口环比的增长率来表示，数据来自《中国县域统计年鉴》和《中国人口年鉴（1999—2018 年）》。

4.2.4 转换变量

PSTR 模型通过引入转移函数 $g_z(q_{it}; \gamma, c)$ 可同时反映出随时间和截面单元变化的非线性函数关系。本书在金融、财政协同的视角下，考察县域经济发展是否依赖于县域金融中介与财政支出的发展水平，存在机制转移效应，并且就中国县域金融中介、财政支出与县域经济发展的关系进行了分析研究。在五个协同模型中，县域金融中介、财政支出既是自变量，又是转换变量。

1. SCC_{it} 和 STC_{it} 为协同模型 17 的转换变量。SCC_{it} 表示县域金融中介、财政支出之和与县域 GDP 比值，作为转换变量；STC_{it} 表示县域金融中介占县域 GDP 比重/财政支出占县域 GDP 比重，作为转换变量，刻画县域金融中介、财政支出规模与结构对县域经济增长的非线性影响。

2. AT_{it} 和 RT_{it} 为协同模型 18 的转换变量。AT_{it} 表示县域金融中介、财政支出之和与县域 GDP_{it} 比值，作为转换变量；RT_{it} 表示县域金融中介占县域 GDP_{it} 比重/财政支出占县域 GDP_{it} 比重，作为转换变量，刻画县域金融中介、财政支出规模与结构对县域产业结构升级的非线性影响。

3. SCT_{it} 和 STT_{it} 为协同模型 19 的转换变量。SCT_{it} 表示县域金融中介、财政支出之和与县域 GDP_{it} 比值，作为转换变量；STT_{it} 表示县域金融中介占县域 GDP_{it} 比重/财政支出占县域 GDP_{it} 比重，作为转换变量，刻画县域金融中介、财政支出规模与结构对县域城镇化进程的非线性影响。

4. SIZ_{it} 和 STR_{it} 为协同模型 20 的转换变量。SIZ_{it} 表示县域金融中介、财政支出之和与县域 GDP 比值，作为转换变量；STC_{it} 表示县域金融中介占县域 GDP 比重/财政支出占县域 GDP 比重，作为转换变量，刻画县域金融中介、财政支出规模与结构对县域人力资本提升的非线性影响。

5. SCA_{it} 和 STR_{it} 为协同模型 21 的转换变量。SCA_{it} 表示县域金融中介、

财政支出之和与县域 GDP_{it} 比值，作为转换变量；STR_{it} 表示县域金融中介占县域 GDP_{it} 比重/财政支出占县域 GDP_{it} 比重，作为转换变量，刻画县域金融中介、财政支出规模与结构对县域城镇化进程的非线性影响。

4.3　描述性统计

由于 PSTR 模型只适用于平衡面板数据，对于非平衡面板数据，目前还不能确定序贯检验方法的可靠性（Hansen，1999；Gonzalez 等，2005），同时为了获得尽可能大的样本，本书收集了 1999—2018 年的面板数据。表 4-1 为各主要变量的描述性统计特征。

表 4-1　相关指标数据的描述性统计特征（1999—2018 年）

变量	符号	观测值	均值	标准差	最大值	最小值
县域人均生产总值	IGP_{it}	620	9.4498	0.8532	11.3114	7.5230
县域产业结构升级	CIU_{it}	620	2.1197	0.1383	2.7762	1.6256
县域城镇化进程	CUP_{it}	620	0.2282	0.1247	0.9002	0.0784
农民人均纯收入增长	FR_{it}	620	0.1042	0.0578	0.2972	-0.1053
县域人力资本提升	HCE_{it}	620	2.5941	0.9092	10.6531	0.8949
县域金融中介	CFI_{it}	620	0.1581	0.0977	0.7689	0.0341
财政支出	PFE_{it}	620	0.1581	0.0977	0.7689	0.0341
金融中介×财政支出交互项	$CFI_{it} \times PFE_{it}$	620	0.0955	0.0961	0.7478	0.0080
金融、财政的规模转换	SCC_{it}	620	0.7193	0.2978	1.8130	0.2556
金融、财政的结构转换	STC_{it}	620	4.6320	2.9607	16.135	0.3430
县域固定资产投资	AST_{it}	620	0.4442	0.3541	3.0120	0.0324
劳动力就业水平	LAB_{it}	620	0.4916	0.0882	0.9627	0.0347
物价指数增长率	RPI_{it}	620	0.0150	0.0277	0.1250	0.0480
县域人口增长率	POP_{it}	620	0.0636	0.2511	2.5510	3.3660

本书采用的计算软件为 Matlab16.a。利用原始模型离散函数的连续转换函数替代，获取面板数据截取的异质性，并基于随机变化量的平滑和连续非线性转变形成模型参数处理，从而获取更趋近于现实的模型拟合。为了估计 PSTR 模型，本书采用网络搜索法进行 NLS 估计的数值优化。本书通过 Matlab16.a 软件编程实现参数的估计。

4.4 本章小结

本章对研究的样本选择、数据来源、处理进行了解释，并对基本数据进行了简单描述。县域经济发展包含了县域经济增长、县域产业结构升级、县域城镇化进程、县域农民人均纯收入增长和县域人力资本提升。参照大多数学者的做法，本章选取县域固定资产投资水平、县域劳动力就业水平、县域物价指数增长率、县域人口增长率变量作为控制变量。由于县域经济发展是一个综合性系统工程，涉及解释变量和控制变量较多，为了克服在实证分析时可能存在的异方差，对所有数据进行了相应的处理，并且对被解释变量一一作了解释。

5 实证检验结果及分析

本章借助面板平滑转换回归模型检验协同模型的截面异质性，判断其是否存在非线性效应；接下来又对其进行"剩余非线性检验"；采用组内回归和非线性最小二乘法对估计模型的参数进行估计。为了进一步确定模型估计的可信度，本章采用不同方法对模型的估计结果进行了稳健性验证。

5.1 协同模型检验

本章采用序贯检验方法对协同模型进行相关检验。主要包括线性对非线性的检验，参数 m、r 的选择，模型的"剩余的非线性"机制转换效应的检验（Gonzalez 等，2005）[339]。

5.1.1 模型非线性检验

在估计非线性 PSTR 模型之前，需先检验县域金融中介、财政支出与县域经济发展之间关系，验证面板数据模型究竟是线性模型还是非线性的 PSTR 模型。本章先以县域金融中介和财政支出作为门限协同变量，对金融中介、财政支出与经济增长之间是否存在着非线性关系进行检验。为了保证检验结果的稳健性，本章分别采用 LM、LM_F 和 LR_T 三个统计量对线性模型的原假设（H_0：$r=0$）与含有一个位置参数的两区制转换模型的备择假设（H_1：$r=1$）进行检验。为避免过于庞大的模型随着位置参数个数的增加而导致显著性水平越来越低，本章选择 pvalue 值为 0.0001 的显著性水平。面板数据线性对非线性检验结果（如表 5-1 所示）表明，当假设转换函数的位置参数的个数 $m=1$ 时，LM、LM_F 和 LR_T 三个统计量均在 1% 的显著性水平上拒绝线性模型的原假设。当假设 $m=2$ 时，上述三个统计量也均在 1% 的显著性水平上拒绝线性模型的原假设。这表明面板数据具有明显的截面异质性，县域金融中介、财政支出与县域经济发展之间具有显著的非线性特征，可以进行 PSTR 模型验证。

表 5-1 协同模型的线性检验与剩余非线性检验

检验类型 参数个数		线性检验 $H_0: r=0$ 或 $H_0: r=1$			剩余非线性检验 $H_0: r=1$ 或 $H_0: r=2$		
模型17	$m=1$	$W=18.223^{***}$	$F=3.446^{***}$	$LR_T=18.545^{***}$	$W=3.429$	$F=0.623$	$LR_T=3.440$
	pvalue	0.0030	0.0051	0.0019	0.6340	0.6821	0.6319
	$m=2$	$W=24.754^{***}$	$F=2.395^{***}$	$LR_T=25.354^{***}$	$W=11.278$	$F=1.041$	$LR_T=11.400$
	pvalue	0.0062	0.0093	0.0049	0.3360	0.4081	0.3270
	$m=1$	$W=24.212^{***}$	$F=4.729^{***}$	$LR_T=24.786^{***}$	$W=8.400$	$F=1.558$	$LRT=8.468$
	pvalue	0.0000	0.0000	0.0000	0.1360	0.1700	0.1321
	$m=2$	$W=33.210^{***}$	$F=3.269^{***}$	$LR_T=34.302^{***}$	$W=13.493$	$F=1.251$	$LR_T=13.699$
	pvalue	0.0000	0.0000	0.0000	0.1970	0.2560	0.1890
模型18	$m=1$	$W=44.391^{***}$	$F=9.032^{***}$	$LR_T=46.372^{***}$	$W=8.573$	$F=1.591$	$LR_T=8.643$
	pvalue	0.0000	0.0000	0.0000	0.1270	0.1610	0.1240
	$m=2$	$W=66.194^{***}$	$F=6.981^{***}$	$LR_T=70.735^{***}$	$W=7.772$	$F=0.712$	$LR_T=7.830$
	pvalue	0.0000	0.0000	0.0000	0.6510	0.7130	0.6450
	$m=1$	$W=136.557^{***}$	$F=34.345^{***}$	$LR_T=158.057^{***}$	$W=5.594$	$F=1.032$	$LR_T=5.624$
	pvalue	0.0000	0.0000	0.0000	0.3480	0.3980	0.3450
	$m=2$	$W=164.764^{***}$	$F=22.106^{***}$	$LR_T=197.574^{***}$	$W=7.684$	$F=0.704$	$LR_T=7.741$
	pvalue	0.0000	0.0000	0.0000	0.6600	0.7210	0.6540
模型19	$m=1$	$W=37.845^{***}$	$F=7.598^{***}$	$LR_T=39.273^{***}$	$W=6.222$	$F=1.149$	$LR_T=6.260$
	pvalue	0.0000	0.0000	0.0000	0.2850	0.3330	0.2820
	$m=2$	$W=59.489^{***}$	$F=6.184^{***}$	$LR_T=62.123^{***}$	$W=21.941$	$F=2.046$	$LR_T=22.411$
	pvalue	0.0000	0.0000	0.0000	0.1150	0.1270	0.1130
	$m=1$	$W=85.352^{***}$	$F=18.978^{***}$	$LR_T=93.114^{***}$	$W=6.098$	$F=1.114$	$LR_T=6.133$
	pvalue	0.0000	0.0000	0.0000	0.2970	0.3520	0.2930
	$m=2$	$W=99.606^{***}$	$F=11.3326^{***}$	$LR_T=110.404^{***}$	$W=5.886$	$F=0.532$	$LR_T=5.919$
	pvalue	0.0000	0.0000	0.0000	0.8250	0.8680	0.8220
模型20	$m=1$	$W=10.634^{***}$	$F=2.022^{***}$	$LR_T=10.743^{***}$	$W=3.902$	$F=0.718$	$LR_T=3.916$
	pvalue	0.0090	0.0040	0.0070	0.564	0.610	0.562
	$m=2$	$W=89.296^{***}$	$F=9.915^{***}$	$LR_T=97.842^{***}$	$W=8.756$	$F=0.804$	$LR_T=8.829$
	pvalue	0.0000	0.0000	0.0000	0.5550	0.6250	0.5480
	$m=1$	$W=87.964^{***}$	$F=9.675^{***}$	$LR_T=96.240^{***}$	$W=5.730$	$F=1.058$	$LR_T=5.762$
	pvalue	0.0000	0.0000	0.0000	0.333	0.383	0.330
	$m=2$	$W=89.296^{***}$	$F=9.915^{***}$	$LR_T=97.842^{***}$	$W=8.756$	$F=0.804$	$LR_T=8.829$
	pvalue	0.0000	0.0000	0.0000	0.1970	0.2560	0.1890

检验类型\参数个数		线性检验			剩余非线性检验		
		$H_0:r=0$　或　$H_0:r=1$			$H_0:r=1$　或　$H_0:r=2$		
模型21	$m=1$	$W=69.286^{***}$	$F=14.867^{***}$	$LR_T=74.294^{***}$	$W=3.240$	$F=0.595$	$LR_T=3.250$
	$pvalue$	0.0000	0.0000	0.0000	0.6630	0.7040	0.6620
	$m=2$	$W=87.510^{***}$	$F=9.679^{***}$	$LR_T=95.713^{***}$	$W=18.909$	$F=1.771$	$LR_T=19.257$
	$pvalue$	0.0000	0.0000	0.0000	0.1410	0.1630	0.1370
	$m=1$	$W=85.352^{***}$	$F=18.978^{***}$	$LR_T=93.114^{***}$	$W=6.098$	$F=1.114$	$LR_T=6.133$
	$pvalue$	0.0000	0.0000	0.0000	0.2970	0.3520	0.2930
	$m=2$	$W=99.606^{***}$	$F=11.3326^{***}$	$LR_T=110.404^{***}$	$W=5.886$	$F=0.532$	$LR_T=5.919$
	$pvalue$	0.0000	0.0000	0.0000	0.8250	0.8680	0.8220

注：*、**、***分别表示在10%、5%和1%显著水平上通过检验。

5.1.2　位置参数检验

在非线性检验结果表明采用 PSTR 模型的基础上，需进一步通过序贯检验确定位置参数 m 的个数。表 5-2 的检验结果表明：以县域金融中介（CFI_{it}）、财政支出（PFE_{it}）作为协同门限变量，LM、LM_F 和 LR_T 三个统计量均无法拒绝 PSTR 模型"存在 1 个非线性转换函数"的原假设（H_0：$r=1$），这说明 PSTR 模型中转换函数的最优个数为 1（$r=1$）；表 5-2 的检验结果也印证了转换函数的最优个数为 1。

进一步基于 AIC 和 BIC 准则，PSTR 模型已经能够充分反映横截面和时间的异质性（Colletaz 和 Hurlin，2006；Colletaz 等，2013）[340-341]，确定转换函数位置参数的个数，即表 5-2 中的取值。由于协同模型 17 的 $m=1$ 时，AIC（-7.7731）和 BIC（-7.6678）的值均小于当 $m=2$ 时 AIC（-7.7614）和 BIC（-7.6076）的值，因此，协同模型 17 的最优位置参数个数为 1（$m=1$）。用同样方法比较协同模型 18、协同模型 19、协同模型 20 和协同模型 21，当 $m=1$ 时的 AIC 和 BIC 的值均小于 $m=2$ 时的值。为此，协同模型 17～协同模型 21 的最优位置参数个数也为 1（$m=1$）。

表 5-2 协同模型位置参数个数

模型	位置参数	转换函数最优个数	系数个数	AIC	BIC
协同模型 17	$m=1$	1	12	-7.7731	-7.6678
	$m=2$	1	13	-7.7614	-7.6076
	$m=1$	1	12	-7.7954	-7.6983
	$m=2$	1	13	-7.7898	-7.6845
协同模型 18	$m=1$	1	12	-4.874	-4.777
	$m=2$	1	13	-4.875	-4.770
	$m=1$	1	12	-6.617	-6.519
	$m=2$	1	13	-6.611	-6.506
协同模型 19	$m=1$	1	12	-5.217	-5.020
	$m=2$	1	13	-5.160	-4.990
	$m=1$	1	12	-5.301	-5.147
	$m=2$	1	13	-5.280	-5.110
协同模型 20	$m=1$	1	12	-6.966	-6.869
	$m=2$	1	13	-6.751	-6.645
	$m=1$	1	12	-6.756	-6.659
	$m=2$	1	13	-6.696	-6.586
协同模型 21	$m=1$	1	12	-1.270	-1.173
	$m=2$	1	13	-1.266	-1.160
	$m=1$	1	12	-5.301	-5.147
	$m=2$	1	13	-5.280	-5.110

5.1.3 协同模型参数估计

为了估计 PSTR 模型，本节采用 grid 法进行 NLS 估计的数值优化（Gonzalez 等，2005）。

为了获得渐进无偏 PSTR 模型的参数估计值，本书采用非线性最小二乘法（NLS）对模型的相关参数展开估计。首先，确定平滑参数 γ 和位置 c 的初始值，表 5-3 显示，通过网络搜索法所得到的 γ、c 的初始值均落到相应的构造区间之内；其次，采取"去均值"方法，对所有变量进行组内均值变换，消除个体固定效应的干扰；再次，对完成组内均值变换的模型进行 OLS 估计，得到其残差平方和 SSR_o、SSR_1（Goffe 等，1994；Brooks，

1996)[342-343]。重复上述操作，得到残差平方和 SSR_o 和 SSR_1 最小时所对应的参数 γ 和 c，即为所需的最优估计。最后，将估计出的参数 γ 和 c 代入协同模型 17~协同模型 21，估计出其他参数，结果如表 5-3 所示。

表 5-3 协同模型的平滑参数和位置参数初始值选择结果

类型	RSS	斜率参数初始值	斜率参数区间	位置参数初始值	位置参数区间
协同模型 17	0.201	1.0493	0.000~10.000	1.8408	0.0000~5.0000
	0.202	1.9674	0.000~50.000	1.4000	0.0000~5.0000
协同模型 18	0.565	2.5000	0.000~10.000	0.4268	0.0000~5.0000
	0.571	0.6267	0.000~50.000	1.4000	0.0000~5.0000
协同模型 19	2.943	1.2237	0.000~10.000	4.0000	0.0000~5.0000
	2.671	1.9674	0.000~50.000	0.2000	0.0000~5.0000
协同模型 20	0.565	2.5000	0.000~10.000	0.4268	0.0000~5.0000
	0.571	0.6267	0.000~50.000	1.4000	0.0000~5.0000
协同模型 21	2.941	5.7683	0.000~10.000	0.9186	0.7790~2.3356
	2.671	1.9674	0.000~50.000	2.2000	1.9670~8.9953

1. IGP_{it} 协同模型检验

通过估计 PSTR 模型可以看出，县域经济增长效应依赖于县域金融中介、财政支出的协同水平，随着时间和截面单元发生变化，在每个截面单元每个时点都不同，SCC_{it}、STC_{it} 转移函数使得其回归系数成为一个以"极限机制"为界、连续的平滑变动函数。表 5-4 给出了 IGP_{it} 协同模型的最终估计结果。

表 5-4 IGP_{it} 协同非线性 PSRT 模型参数估计

类型	相关指标 转换变量	系数	模型 17 规模协同门槛值			模型 17 结构协同门槛值		
	转换函数最优数		$m=1$			$m=1$		
	parameters		beta	pvalue	beta_std	beta	pvalue	beta_std
线性部分参数	$CFI_{it} \times PFE_{it}$	β_{00}	0.0827 **	0.0168	0.0346	-0.1190 *	0.0725	0.0663
	AST_{it}	β_{10}	0.0231 ***	0.0736	0.0099	0.0212	0.2713	0.0193
	LAB_{it}	β_{20}	0.0447 **	0.0357	0.0148	0.0249	0.4136	0.0305
	RPI_{it}	β_{30}	0.1890	0.8797	0.1248	-0.4771	0.0061	0.1741
	POP_{it}	β_{40}	0.0093 ***	0.0021	0.0031	-0.0410 **	0.0192	0.0175

类型	相关指标转换变量	系数	模型17 规模协同门槛值			模型17 结构协同门槛值		
剩余非线性参数	$CFI_{it} \times PFE_{it}$	β_{01}	-0.2512^{***}	0.0000	0.0611	0.2892^{***}	0.0007	0.0856
	AST_{it}	β_{11}	-0.0048^{***}	0.0007	0.1132	0.0110^{**}	0.0589	0.0204
	LAB_{it}	β_{21}	-0.0422	0.0702	0.1229	0.0844^{***}	0.0064	0.0309
	RPI_{it}	β_{31}	-0.4798	0.0010	0.1452	1.0097^{***}	0.0000	0.1940
	POP_{it}	β_{41}	-0.0099^{**}	0.4250	0.0119	0.0431^{*}	0.0577	0.0227
系数和: $\beta_{0j}=\beta_{0i}^{1}$	$\beta_{0j}=\beta_{00}+\beta_{01}$		$0.0827+(-0.2512)=-0.1685^{***}$			$(-0.1190)+0.2892=0.1702^{***}$		
	$\beta_{1j}=\beta_{10}+\beta_{11}$		$0.0231+(-0.0048)=0.0183^{***}$			$0.0212+0.0110=0.0322^{*}$		
	$\beta_{2j}=\beta_{20}+\beta_{21}$		$0.0447+(-0.0422)=0.0025^{**}$			$0.0249+0.0844=0.1093^{***}$		
	$\beta_{3j}=\beta_{30}+\beta_{31}$		$0.0189-0.4798=-0.4609$			$(-0.4771)+1.0097=0.5326^{***}$		
	$\beta_{4j}=\beta_{40}+\beta_{41}$		$0.0093+(-0.0099)=-0.0007^{**}$			$(-0.0410)+0.0431=-0.0021^{*}$		
位置参数 l_j			-0.3578			1.3699		
斜率参数 s_j			0.9947			1.0596		
AIC 准则			-7.7731			-7.7954		
BIC 准则			-7.6678			-7.6983		

注: *、**、*** 分别表示 pvalue 在10%、5%和1%显著水平上通过检验,beta_std 的值为估计对应的标准误差。

由规模协同模型17的估计结果可知,在不同的县域金融中介、财政支出的水平上,两者的总量(SCC_{it})对县域经济增长(IGP_{it})的影响有着明显的差异。位置参数即门槛水平阈值 $l_j=-0.3578$($e^{-0.3578}=0.6992$),而金融中介和财政支出协同规模(SCC_{it})在位置参数 l_j 估计值69.921%两侧对县域经济的影响存在明显区别。在此门槛值之前,模型17处于协同区制($l_j \leqslant 69.92\%$),县域金融中介与县域财政支出总量占县域GDP的比重小于69.92%,且金融中介与财政支出的交互项($CFI_{it} \times PFE_{it}$)的 β_{01} 弹性系数大于零($\beta_{00}=0.0827$),县域金融中介、财政支出对县域经济增长的影响表现为促进,规模协同模型17在5%的显著性水平上显著。这表明在协同的县域或时期,金融中介与财政支出规模(SCC_{it})对县域经济增长(IGP_{it})产生显著的促进效应,县域银行仅仅增加贷款余额或政府增加财政支出都会促进县域经济增长(IGP_{it})。

越过门槛 l_j 之后,规模协同模型17处于非协同区制($l_j > 69.92\%$),县域金融中介与县域财政支出总量占县域GDP的比重大于69.92%,金融中介与财政支出的交互项($CFI_{it} \times PFE_{it}$)的 β_{0j} 弹性系数小于零($\beta_{00}+\beta_{01}=$

-0.1685），且规模协同模型 17 在 1%显著性水平上显著。这表明在协同的县域或时期，县域金融中介与财政支出总规模（SCC_{it}）对县域经济增长（IGP_{it}）产生抑制效应，县域的金融中介增加贷款余额，并且政府增加财政支出将促进县域经济增长。这说明县域金融中介、财政支出处于非协同门槛，县域经济增长得到显著阻碍。

规模协同模型 17 斜率系数 $s_j = 0.9947$，表明模型在非协同与协同区制之间转换的速度很慢，转换函数呈现平滑渐进的变化趋势（如图 5-1 所示）。这说明非线性转换函数具有明显的平滑转化特征，随着县域金融中介和财政支出占 GDP 规模达到协同门槛值，两者规模的变化对县域经济增长影响呈现出渐进演变的非线性关系。

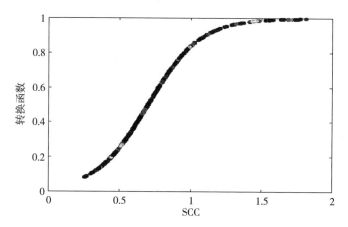

图 5-1　规模协同模型 17Logistic 平滑转换函数曲线

由结构协同模型 17 式的估计结果可知，金融中介与财政支出的协同结构（STC_{it}）位置参数估计值 $l'_j = 3.9349$（$e^{1.369893} = 3.9349$），该位置参数 l_j 估计值两侧对县域经济增长的影响存在显著的区别。在门槛阈值之前，模型处于非协同区制（$l'_j \leqslant 3.9349$），县域金融中介与县域财政支出结构比率小于 3.9349，金融中介与财政支出的交互项（$CFI_{it} \times PFE_{it}$）的弹性系数 $\beta_{11} < 0$（$\beta_{00} = -0.1190$），而且结构协同模型 17 在 10%显著性水平上较为显著。这说明在非协同的县域或时期，县域金融中介与财政支出结构（STC_{it}）对县域经济增长（IGP_{it}）产生负的非协同效应，即使政府扩大财政支出，金融中介加大信贷投放速度，也不利于县域经济增长。

跨过门槛值 l_j 之后，结构协同模型 17 处于协同区制（$l'_j > 3.9349$），金融中介与财政支出协同的结构比率大于 3.9349，金融中介与财政支出的交互项（$CFI_{it} \times PFE_{it}$）的弹性系数 $\beta_{0j} > 0$（$\beta_{00} + \beta_{01} = 0.1702$），且模型 17 在 1% 显著性水平上更加显著。实证表明，只要越过 3.9349 协同结构比率，扩大金融中介的信贷投放、增加县域政府的财政支出，对县域经济增长将产生更加显著的正面效应。这说明在协同的县域或时期，县域金融中介与财政支出结构（STC_{it}）对县域经济增长（IGP_{it}）产生交互的协同效应，县域的银行增加贷款投放，并且政府增加财政支出，保持不低于协同结构比率，这样会更为显著地促进县域经济增长。

结构协同模型 17 斜率系数 $s_j = 1.0596$，表明模型 17 在非协同与协同区制转换的速度较慢，转换函数呈现平滑、渐进的趋势（如图 5-2 所示）。这说明非线性转换函数具有明显的平滑转化特征，随着县域金融中介和财政支出结构比率达到协同，两者结构的变化对县域经济增长影响的非线性效果较为平滑。

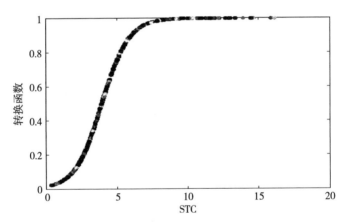

图 5-2　结构协同模型 17Logistic 平滑转换函数曲线

从控制变量来看，在不同的金融、财政发展水平上，考察其控制变量影响县域经济增长非线性的门槛效应。

在模型 17 中，考察控制变量县域固定资产投资水平（AST_{it}）与县域经济增长（IGP_{it}）的关系。在门槛阈值前后，两个模型无论是处于非协同区制（$l_j \leqslant 69.92\%$；$l'_j \leqslant 3.9349$）还是处于协同区制（$l_j > 69.92\%$；$l'_j > 3.9349$），AST_{it} 影响 IGP_{it} 的弹性系数都大于零（$\beta_{10} = 0.0231$，$\beta_{1j} = 0.0183$；$\beta'_{10} = 0.0212$，$\beta'_{1j} = 0.0322$），且两模型处于非协同区制的显著性水平在统计意义上不够显著，但是进入协同区制时，规模协同模型 17 在 1% 显著性水平上显著，而结构协同模型 17 在 5% 显著性水平上显著。这反映出在非协同区制和协同区制的县域或时期，AST_{it} 对 IGP_{it} 始终是促进作用（$\beta_{10} > 0$，$\beta_{1j} > 0$；$\beta'_{10} > 0$，$\beta'_{1j} > 0$）。越过门槛值，模型处于协同区制，AST_{it} 对 IGP_{it} 的促进作用更加显著。AST_{it} 对 IGP_{it} 的影响是正相关的，其中处于结构协同区制对经济增长的促进作用强于其在规模协同区制（$\beta_{10} > \beta_{1j}$；$\beta'_{10} < \beta'_{1j}$）。这表明虽然在两个区制县域固定资产投资（$AST_{it}$）与县域经济增长（$IGP_{it}$）都是正相关的，但是在金融、财政协同的县域或时期，固定资产投资更加有力支持县域经济增长。

在模型 17 中，考察控制变量县域劳动力就业水平（LAB_{it}）与县域经济增长（IGP_{it}）的关系。在门槛值前后，两个模型无论是处于非协同区制（$l_j \leqslant 69.92\%$；$l'_j \leqslant 3.9349$）还是处于协同区制（$l_j > 69.92\%$；$l'_j > 3.9349$），LAB_{it} 影响 IGP_{it} 的弹性系数都大于零（$\beta_{10} = 0.0147$，$\beta_{1j} = 0.0269$；$\beta'_{10} = 0.0269$，$\beta'_{1j} = 0.0105$）。但是处于非协同区制时，模型在统计意义上不够显著；进入协同区制时，协同模型分别在 10% 和 1% 显著性水平上显著。这反映出在非协同和协同的县域或时期，LAB_{it} 对 IGP_{it} 始终是促进作用（$\beta_{20} > 0$，$\beta_{2j} > 0$；$\beta'_{20} > 0$，$\beta'_{2j} > 0$）。越过门槛值，模型处于协同区制，LAB_{it} 对 IGP_{it} 的促进作用更加显著。LAB_{it} 对 IGP_{it} 的影响是正相关的，其中处于规模协同区制中对经济增长的促进作用强于其在结构协同区制（$\beta_{20} < \beta_{1j}$，$\beta'_{20} > \beta'_{1j}$）。这说明虽然两个区制县域劳动力就业水平（$LAB_{it}$）与县域经济增长（$IGP_{it}$）都是正相关的，但是在金融、财政协同的县域或时期，劳动力就业水平显著促进县域经济增长。

在模型 17 中，考察控制变量物价指数增长率（RPI_{it}）与县域经济增长（IGP_{it}）的关系。在协同门槛值前，模型处于非协同区制（$l_j \leqslant 69.92\%$；$l'_j \leqslant 3.9349$），RPI_{it} 影响 IGP_{it} 的弹性系数小于零（$\beta_{30} = -0.0189$，$\beta'_{30} = -0.4771$），这表明当金融、财政处于非协同区制时，RPI_{it} 与 IGP_{it} 是负相关的。规模协同模型 17 在统计意义上不够显著，而结构协同模型 17 在 1% 的显著性水平上显著，这反映出在非协同的县域或时期，RPI_{it} 对 IGP_{it} 的抑制效果并不是很显著。而在模型的协同区制（$l_j > 69.92\%$；$l'_j > 3.9349$），RPI_{it} 对 IGP_{it} 影响的弹性系数大于零，且协同模型在 1% 的显著性水平上显著。表明当金融、财政位于协同区制时，县域物价指数增长率（RPI_{it}）与县域经济增长（IGP_{it}）是显著正相关的。这说明在金融、财政协同的县域或时期，适当的通货膨胀可以促进县域经济增长。

在模型 17 中，考察控制变量县域人口增长率（POP_{it}）与县域经济增长（IGP_{it}）的关系。在协同门槛值前，模型处于非协同区制（$l_j \leqslant 69.92\%$；

$l'_j \le 3.9349$），POP_{it} 影响 IGP_{it} 的弹性系数大于零（$\beta_{30} = 0.0095$，$\beta'_{30} = 0.0410$），这表明当金融、财政位于非协同区制时，POP_{it} 与 IGP_{it} 是正相关的。且规模协同模型 17 在 1% 的显著性水平上显著，而结构协同模型 17 在 5% 的显著性水平上显著，这反映出在非协同的县域或时期，POP_{it} 对 IGP_{it} 是显著促进效果。当越过协同门槛值后，模型进入协同区制（$l_j > 69.92\%$；$l'_j > 3.9349$），POP_{it} 对 IGP_{it} 影响的弹性系数小于零（$\beta_{30} = -0.0037$；$\beta'_{30} = -0.0021$），规模协同模型 17 在统计意义上不够显著，而结构协同模型 17 仅仅在 10% 的显著性水平上略有显著。这表明当金融、财政位于协同区制时，县域人口增长率（POP_{it}）与县域经济增长（IGP_{it}）是负相关的，这说明在金融、财政协同的县域或时期，县域人口增长不利于县域经济增长。

根据模型 17 的估计结果，对应于转换变量 SCC_{it} 和 STC_{it} 的各分位点作图 5-1 和图 5-2，图 5-1 和图 5-2 更为直观地显示了相应转换函数的走势和分布特征。规模协同模型 17 在位置参数 l_j（-0.3578）两侧，金融中介与财政支出交互项（$CFI_{it} \times PFE_{it}$）的弹性系数 β_{01} 在 $-0.0827 \sim 0.2512$ 平滑变化；在所有观测样本值中，金融中介与财政支出协同规模跨过门槛值 69.92% 的观测样本只有 241 个，占全部样本值的 43.19%。在结构协同模型 17 中，在位置参数 l_j（1.3699）两侧，金融中介与财政支出交互项（$CFI_{it} \times PFE_{it}$）的弹性系数 β_{0j} 在 $-0.1190 \sim 0.2892$ 平滑变化，在所有观测样本值中，金融中介与财政支出协同结构跨过门槛值 3.9243 的观测样本只有 257 个，占全部样本值的 46.06%。Logistic 平滑转换函数曲线进一步证实了这一推论，金融中介与财政支出规模、结构在协同值两侧对县域经济增长的影响都是不对称的，并且金融、财政结构协同函数曲线在两种状态下的转换速度似乎相对更快，大多数样本点处于中间过渡状态。

2. CIU_{it} 协同模型检验

通过 PSTR 模型可以看出，县域产业结构升级效应依赖于县域金融中介、财政支出的协同水平，随着时间和截面单元发生变化，在每个截面单元每个时点都不同，AT_{it} 和 RT_{it} 转移函数使得其回归系数成为一个以"极限机制"为界、连续的平滑变动函数。表 5-5 给出了 CIU_{it} 协同模型 18 的最终估计结果。

表 5-5 CIU_{it} 协同非线性 PSRT 模型参数估计

类型	相关指标转换变量	系数	模型 18 规模协同门槛值			模型 18 结构协同门槛值		
	转换函数最优数		$m=1$			$m=1$		
	parameters		beta	pvalue	beta_std	beta	pvalue	beta_std
线性部分参数	$CFI_{it} \times PFE_{it}$	β_{00}	1.4625**	0.0276	1.3417	−0.1008**	0.0444	0.1317
	AST_{it}	β_{10}	0.4688**	0.0459	0.2899	0.3448	0.1023	0.0765
	LAB_{it}	β_{20}	0.7688***	0.0011	0.1435	0.2021***	0.0000	0.0429
	RPI_{it}	β_{30}	0.0643	0.9607	1.3058	−0.0542	0.8782	0.3539
	POP_{it}	β_{40}	−0.0591	0.4694	0.0818	−0.0438	0.3695	0.0488
剩余非线性参数	$CFI_{it} \times PFE_{it}$	β_{01}	−1.6087**	0.0448	1.3302	0.1931**	0.0301	0.1870
	AST_{it}	β_{11}	−0.4551	0.1360	0.3052	0.3163***	0.0000	0.0838
	LAB_{it}	β_{21}	−0.4776***	0.0041	0.1665	0.2997***	0.0000	0.0488
	RPI_{it}	β_{31}	−0.2130	0.8949	1.6128	0.3653	0.4086	0.4420
	POP_{it}	β_{41}	−0.0583	0.4983	0.0861	−0.0657	0.3480	0.0700
系数和: $\beta^{i0}+\beta^{i1}$	$\beta_{0j}=\beta_{00}+\beta_{01}$		1.4625+(−1.6087)=−0.1462***			(−0.1008)+0.3163=0.2155***		
	$\beta_{1j}=\beta_{10}+\beta_{11}$		0.0231+(−0.0048)=0.0183***			0.0212+0.0110=0.0322*		
	$\beta_{2j}=\beta_{20}+\beta_{21}$		0.0147+0.0122=0.0269*			0.0249−0.0144=0.0105***		
	$\beta_{3j}=\beta_{30}+\beta_{31}$		(−0.0189)+0.4798=0.4609***			(−0.4771)+1.0097=0.5326***		
	$\beta_{4j}=\beta_{40}+\beta_{41}$		0.0093+(−0.0095)=−0.0037*			0.0410+(−0.0431)=−0.0021*		
位置参数 l_j			−0.1660			1.477064		
斜率参数 s_j			4.4019			0.460752		
AIC 准则			−7.7731			−7.7954		
BIC 准则			−7.6678			−7.6983		

注: *、**、*** 分别表示 pvalue 在 10%、5% 和 1% 显著水平上通过检验,beta_std 的值为估计对应的标准误差。

由规模协同模型 18 的估计结果可知,在不同的县域金融中介、财政支出的水平上,两者的总量(AT_{it})对县域产业结构升级(CIU_{it})的影响有着明显的差异。位置参数即门槛水平值 $l_j = 84.70\%$($e^{-0.1660} = 0.8470$),而 AT_{it} 在位置参数 l_j 估计值 84.70% 两侧对 CIU_{it} 的影响存在明显区别。在门槛值之前,规模协同模型 18 处于协同区制,县域金融中介与财政支出总量占 GDP_{it} 比重小于 84.70%,且金融中介与财政支出交互项($CFI_{it} \times PFE_{it}$)$_{it}$ 的 β_{01} 弹性系数大于零($\beta_{00} = 1.4625$),AT_{it} 对 CIU_{it} 影响表现为协同,规模协同模型 18 在 5% 显著性水平上显著。这表明在协同的县域或时期,AT_{it} 对 CIU_{it} 产生显著的促进效应,县域银行增加贷款余额或政府增加财政支出会促进 CIU_{it}。

越过门槛 l_j 之后，规模协同模型 18 处于非协同区制，AT_{it} 大于 84.70%，金融中介与财政支出交互项（$CFI_{it} \times PFE_{it}$）的 β_{0j} 弹性系数小于零（$\beta_{00} + \beta_{01} = -0.1462 < 0$），且规模协同模型 18 在 5% 显著性的水平上显著。这表明在非协同的县域或时期，AT_{it} 对 CIU_{it} 产生负的抑制效应，县域银行增加贷款余额，且政府增加财政支出将阻碍 CIU_{it}。这说明随着 AT_{it} 的进一步发展并实现对协同门槛的跨越，CIU_{it} 会受到显著阻碍。

规模协同模型 18 斜率系数 $s_j = 0.460752$，表明规模协同模型 18 在非协同与协同区制之间转换的速度很慢，转换函数呈现平滑渐进的变化趋势（如图 5-3 所示）。这说明非线性转换函数具有明显的平滑转化特征，随着 AT_{it} 达到协同门槛值，AT_{it} 的变化对县域产业结构升级（CIU_{it}）的影响呈现出渐进演变的非线性关系。

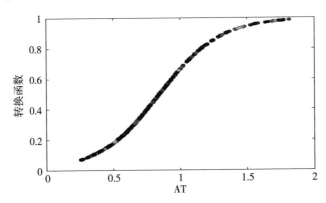

图 5-3 规模协同模型 18 Logistic 平滑转换函数曲线

由结构协同模型 18 的估计结果可知，金融中介与财政支出的结构协同（RT_{it}）位置参数估计值 $l_j = 4.3802$（$e^{1.4771} = 4.3802$），该位置参数 l_j 估计值两侧对县域产业结构升级（CIU_{it}）的影响存在显著性的区别。在门槛值之前，结构协同模型 18 处于协同区制，$RT_{it} < 4.3802$，金融中介与财政支出交互项（$CFI_{it} \times PFE_{it}$）的弹性系数 $\beta_{11} < 0$（$\beta'_{00} = -0.1008$），而且结构协同模型 18 在 1% 显著性的水平上较为显著。这说明在非协同的县域或时期，RT_{it} 对 CIU_{it} 产生负的非协同效应，即使政府扩大财政支出，金融中介加大信贷投放速度，也不利于 CIU_{it}。

跨过门槛值 l_j 之后，模型 18 处于协同区制，RT_{it} 比率大于 4.1021，金融中介与财政支出交互项（$CFI_{it} \times PFE_{it}$）的弹性系数 $\beta_{0j} > 0$（$\beta'_{00} + \beta'_{01} = 0.0923 > 0$），且结构协同模型 18 在 5% 显著性的水平上显著。实证表明，只

要越过 4.3802 协同结构比率，扩大金融中介的信贷投放、增加县域政府的财政支出，将对 CIU_{it} 产生更加显著的正面效应。这说明在协同的县域或时期，RT_{it} 对 CIU_{it} 产生交互的协同效应，县域的银行增加贷款投放，并且政府增加财政支出，保持不低于 RT_{it}，这样会更显著地促进 CIU_{it}。

结构协同模型 18 斜率系数 $s'_j = 4.4019$，表明结构协同模型 18 在非协同与协同区制转换的速度较慢，转换函数呈现平滑、渐进的趋势（如图 5-4）。这说明非线性转换函数具有明显的平滑转化特征，随着 RT_{it} 达到协同，RT_{it} 的变化对县域产业结构升级（CIU_{it}）影响的非线性效果较为平滑。

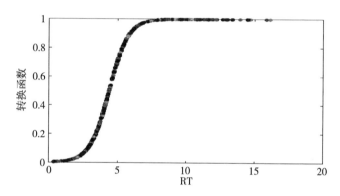

图 5-4　结构协同模型 18 Logistic 平滑转换函数曲线

从控制变量来看，在不同的金融、财政发展水平上，考察其控制变量影响县域产业结构升级非线性的门槛协同效应。

在两个协同模型 18 中，考察县域固定资产投资水平（AST_{it}）与县域产业结构升级（CIU_{it}）的关系。模型无论是处于非协同区制还是处于协同区制，AST_{it} 影响 CIU_{it} 的弹性系数都大于零，且模型 18 处于协同区制分别在 5% 和 1% 的显著性水平上显著，但是进入非协同区制时，模型的显著性水平在统计意义上都不够显著。这反映出在非协同和协同的县域或时期，AST_{it} 对 CIU_{it} 始终是促进作用（$\beta_{10}>0$，$\beta_{1j}>0$；$\beta'_{10}>0$，$\beta'_{1j}>0$）。当模型处于协同区制时，AST_{it} 对 CIU_{it} 的促进作用强于其在非协同区制（$\beta_{10}>\beta_{1j}>0$；$\beta'_{1j}>\beta'_{10}>0$），并且更加显著。这表明虽然在两个区制 AST_{it} 与 CIU_{it} 都是正相关的，但是金融、财政处于协同区制时，县域固定资产投资水平（AST_{it}）能更加有力地支持县域产业结构升级（CIU_{it}）。

在两个协同模型 18 中，考察控制变量县域劳动力就业水平（LAB_{it}）与县域产业结构升级（CIU_{it}）的关系。在门槛值前后，模型无论是处于非协同区制还是处于协同区制，LAB_{it} 影响 CIU_{it} 的弹性系数都大于零。在协同区制，模型在1%的显著性水平上显著；在非协同区制，模型在1%的显著性水平上显著。这反映出在非协同和协同的县域或时期，LFE_{it} 始终对 CIU_{it} 是促进作用（$\beta_{20} > 0$，$\beta_{2j} > 0$；$\beta'_{20} > 0$，$\beta'_{2j} > 0$）。但是，当模型处于协同区制时，LAB_{it} 对 CIU_{it} 的促进作用强于非协同区制（$\beta_{10} > \beta_{1j} > 0$；$\beta'_{2j} > \beta'_{20} > 0$）。这说明虽然两个区制 LAB_{it} 与 CIU_{it} 都是显著正相关的，但是在金融、财政协同的县域或时期，县域劳动力就业水平（LAB_{it}）对县域产业结构升级（CIU_{it}）的促进作用更强。

在两个协同模型18中，考察控制变量物价指数增长率（RPI_{it}）与县域产业结构升级（CIU_{it}）的关系。在协同门槛值前，模型处于非协同区制，物价指数增长率（RPI_{it}）影响 CIU_{it} 的弹性系数全部小于零，两个模型的显著水平在统计意义上都不够显著。当模型在协同区制时，物价指数增长率（RPI_{it}）影响 CIU_{it} 的弹性系数全部大于零，模型的显著水平同样在统计意义上也都不够显著。这表明当金融、财政位于协同区制时，虽然物价指数增长率（RPI_{it}）对 CIU_{it} 具有促进作用（$\beta_{30} > 0$；$\beta'_{3j} > 0$），但不显著。处于非协同区制时，物价指数增长率（RPI_{it}）阻碍 CIU_{it}（$\beta_{3j} < 0$；$\beta'_{30} < 0$），且不显著。这说明在金融、财政处于协同区制的县域或时期，适度的县域通货膨胀有利于县域产业结构升级（CIU_{it}）。

在两个协同模型18中，考察控制变量县域人口增长率（POP_{it}）与县域产业结构升级（CIU_{it}）的关系。在协同门槛值前后，模型处于非协同区制和协同区制，县域人口增长率（POP_{it}）影响 CIU_{it} 的弹性系数全部小于零。处于协同区制，两个模型的显著性水平在统计意义上不够显著；处于非协同区制，模型的显著性水平在统计意义上不够显著，这反映出县域人口增长率（POP_{it}）与 CIU_{it} 始终是负相关的，并且效果不显著。这说明县域人口增长率（POP_{it}）不利于 CIU_{it}，不论在金融、财政协同或非协同的县域或时期，这种阻碍作用均不显著。

根据协同模型18的估计结果，对应于转换变量 AT_{it} 和 RT_{it} 的各分位点作图5-3和图5-4，图5-3和图5-4更为直观地显示了相应转换函数的走势和分布特征。规模协同模型18在位置参数 l_j（-0.1660）两侧，金融中介与财政支出交互项（$CFI_{it} \times PFE_{it}$）的弹性系数 β_{01} 在-1.36087~1.4625平滑变化；在所有观测样本值中，AT_{it} 跨过门槛值84.70%的观测样本只有419个，占全部样本值的71.14%。在结构协同模型18中，在位置参数 l_j（1.4471）两侧，金融中介与财政支出交互项（$CFI_{it} \times PFE_{it}$）的弹性系数 β_{0j} 在-0.1008~0.1931平滑变化，在所有观测样本值中，RT_{it} 跨过门槛值4.4019的观测样本只有228个，占全部样本值的38.71%。Logistic 平滑转换函数曲线进一步证实了这一推论，AT_{it} 和 RT_{it} 在协同值两侧对县域产业结构升级（CIU_{it}）的影响都是不对称的，并且金融、财政结构协同函数曲线在两种状态下的转换速度似乎相对更快，大多数样本点位于中间过渡状态和非协同区制。

3. CUP_{it} 协同模型检验

通过估计 PSTR 模型可以看出，县域城镇化进程效应依赖于县域金融中介、财政支出的协同水平，随着时间和截面单元发生变化，在每个截面单元每个时点都不同，SCC_{it}、STC_{it} 转移函数使得其回归系数成为一个以"极限机制"为界、连续的平滑变动函数。表5-6 给出了 CUP_{it} 协同模型 19 的最终估计结果。

表5-6 CUP_{it} 协同非线性 PSRT 模型参数估计

类型	相关指标 转换变量	系数	模型 19 规模协同门槛值			模型 19 结构协同门槛值		
	转换函数最优数		$m=1$			$m=1$		
	parameters		beta	pvalue	beta_std	beta	pvalue	beta_std
线性部分参数	$CFI_{it} \times PFE_{it}$	β_{00}	1.8731***	0.0051	0.6687	−0.2681***	0.0063	0.0981
	AST_{it}	β_{10}	0.1671***	0.0026	0.0555	0.1492	0.1004	0.0419
	LAB_{it}	β_{20}	0.4243***	0.0053	0.1522	0.2151*	0.0829	0.1240
	RPI_{it}	β_{30}	0.1900	0.3593	0.2073	−0.1274	0.5816	0.2282
	POP_{it}	β_{40}	0.0415**	0.0188	0.0176	0.0430	0.3666	0.0184
剩余非线性参数	$CFIit \times PFE_{it}$	β_{01}	−2.0393***	0.0088	0.6259	1.8777***	0.0000	0.2195
	AST_{it}	β_{11}	−0.0959	0.2586	0.0844	0.2160***	0.0073	0.0805
	LAB_{it}	β_{21}	−0.2468	0.1038	0.0852	0.1541**	0.0120	0.0614
	RPI_{it}	β_{31}	−0.2906	0.5841	0.53310	0.3870	0.3619	0.3639
	POP_{it}	β_{41}	0.0313	0.1716	0.0229	0.0355**	0.0195	0.0393
系数和：$\beta^{i0} + \beta^{i1}$	$\beta_{0j}=\beta_{00}+\beta_{01}$		1.8731+（−2.0393）=−0.1685***			（−0.2681）+1.8777=1.1702***		
	$\beta_{1j}=\beta_{10}+\beta_{11}$		0.167+（−0.0959）=0.0183***			0.1492+0.2160=0.3652*		
	$\beta_{2j}=\beta_{20}+\beta_{21}$		0.4243+（−0.2468）=0.0269*			0.2151+0.1541=0.3692*		
	$\beta_{3j}=\beta_{30}+\beta_{31}$		0.1900+（−0.2906）=0.4609***			（−0.1274）+0.3870=0.2596***		
	$\beta_{4j}=\beta_{40}+\beta_{41}$		0.0415+0.0313=−0.0037*			0.0430+0.0355=−0.00785*		
位置参数 l_j			−0.1549			1.5741		
斜率参数 s_j			8.5309			0.9529		
AIC 准则			−7.7731			−7.7954		
BIC 准则			−7.6678			−7.6983		

注：*、**、***分别表示 pvalue 在10%、5%和1%显著水平上通过检验，beta_std 的值为估计对应的标

准误差。

由规模协同模型 19 的估计结果可知，在不同的县域金融中介、财政支出的水平上，两者总量（SCT_{it}）对县域城镇化进程（CUP_{it}）的影响有着明显的差异。位置参数即门槛水平值 $c_j = 85.65\%$（$e^{-0.1549} = 0.8565$），而 SCT_{it} 在位置参数 c_j 估计值 85.65% 两侧对 CUP_{it} 的影响存在明显区别。在门槛值之前，规模协同模型 19 处于协同区制，SCT_{it} 比重小于 85.65%，且金融中介与财政支出交互项（$CFI_{it} \times PFE_{it}$）的 β_{01} 弹性系数大于零，SCT_{it} 对 CUP_{it} 影响表现为协同，规模协同模型 19 在 1% 显著性水平上显著。这表明协同的县域或时期，SCT_{it} 对 CUP_{it} 产生显著的促进效应，县域金融中介增加投放或政府加大财政支出都会推进 CUP_{it}。

越过门槛 c_j 之后，规模协同模型 19 处于非协同区制，SCT_{it} 大于 85.65%，金融中介与财政支出交互项（$CFI_{it} \times PFE_{it}$）的 β_{0j} 弹性系数小于零，且规模协同模型 19 在 1% 显著性的水平上显著。这表明在非协同的县域或时期，SCT_{it} 对 CUP_{it} 产生负效应，县域的银行增加贷款余额，并且政府增加财政支出将阻碍县域城镇化进程（CUP_{it}）。这说明随着 SCT_{it} 进一步发展并实现对协同门槛的跨越，SCT_{it} 将会受到显著阻碍。

规模协同模型 19 斜率系数 $g_j = 8.5309$，表明模型在非协同与协同区制之间转换速度很慢，转换函数呈现平滑渐进变化趋势（如图 5-5 所示）。这说明非线性转换函数具有明显的平滑转化特征，随着 SCT_{it} 达到协同门槛值，SCT_{it} 的变化对县域城镇化进程（CUP_{it}）的影响呈现出渐进演变的非线性关系。

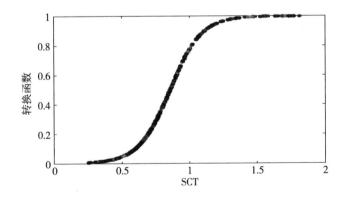

图 5-5 规模协同模型 19 Logistic 平滑转换函数曲线

由结构协同模型 19 的估计结果可知，金融中介与财政支出的结构协同

（STT_{it}）位置参数估计值 $c_j = 4.5001$（$e^{1.5741} = 4.5001$），该位置参数 c_j 估计值两侧对县域城镇化进程（CUP_{it}）的影响存在显著性区别。在门槛值之前，模型处于非协同区制，STT_{it} 小于 4.5001，金融中介与财政支出交互项（$CFI_{it} \times PFE_{it}$）的弹性系数 $\beta_{11} < 0$，而且结构协同模型 19 在 1% 显著性的水平上较为显著。这说明在非协同的县域或时期，STT_{it} 对 CUP_{it} 产生负的非协同效应，即使政府扩大财政支出，金融中介加大信贷投放速度，也不利于 CUP_{it}。

跨过门槛值 c_j 之后，结构协同模型 19 处于协同区制，$STT_{it} > 4.5001$，金融中介与财政支出交互项（$CFI_{it} \times PFE_{it}$）的弹性系数 $\beta_{0j} > 0$，且模型 19 在 1% 显著性水平上显著。实证表明，只要越过 4.5001 协同结构比率，增加县域金融中介的信贷投放、扩大县域政府财政支出，对 CUP_{it} 就会产生更加显著的正面效应。这说明在协同的县域或时期，STT_{it} 对 CUP_{it} 产生协同效应，县域的银行增加贷款投放，并且政府增加财政支出，保持不低于协同结构比率，这样会更为显著地促进 CUP_{it}。

结构协同模型 19 斜率系数 $s'_j = 0.9529$，表明结构协同模型 19 在非协同与协同区制转换的速度较慢，转换函数呈现平滑、渐进的趋势（如图 5-6）。这说明非线性转换函数具有明显的平滑转化特征，随着 STT_{it} 达到协同，STT_{it} 变化对县域城镇化进程（CUP_{it}）影响的非线性效果较为平滑。

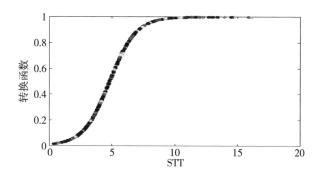

图 5-6 结构协同模型 19 Logistic 平滑转换函数曲线

从控制变量来看，在不同的金融、财政发展水平上，考察其控制变量影响县域城镇化进程非线性的门槛协同效应。

在模型 19 中，考察控制变量县域固定资产投资水平（AST_{it}）与县域城镇化进程（CUP_{it}）的关系。当两个模型处于两个区制时，AST_{it} 影响 CUP_{it} 的弹性系数都大于零，且模型 19 处于协同区制都在 1% 的显著性水平上显著，但是进入非协同区制时，模型 19 的显著水平在统计意义上都不够显著。这反映出在非协同和协同的县域或时期，AST_{it} 对 CUP_{it} 始终是促进作用（$\beta_{10}>0$，$\beta_{1j}>0$；$\beta'_{10}>0$，$\beta'_{1j}>0$）。模型处于协同区制，AST_{it} 对 CUP_{it} 的促进作用强于其在非协同区制（$\beta_{10}>\beta_{1j}>0$；$\beta'_{1j}>\beta'_{10}>0$），并且更加显著。这表明虽然在两个区制县域，$AST_{it}$ 与 CUP_{it} 都是正相关，但是金融、财政处于协同区制时，县域固定资产投资水平（AST_{it}）能更加有力地支持县域城镇化进程（CUP_{it}）。

在模型 19 中，考察控制变量县域劳动力就业水平（LAB_{it}）与县域城镇化进程（CUP_{it}）的关系。在门槛值前后，两个模型处于两个区制，LAB_{it} 影响 CUP_{it} 的弹性系数都大于零。在协同区制，模型 19 在 1% 的显著性水平上显著；在非协同区制，规模协同模型 19 的显著水平在统计意义上都不够显著，结构协同模型 19 在 10% 的显著性水平上显著。这反映出在非协同和协同的县域或时期，LAB_{it} 始终对 CUP_{it} 是促进作用（$\beta_{20}>0$，$\beta_{2j}>0$；$\beta'_{20}>0$，$\beta'_{2j}>0$）。但是，模型 19 处于协同区制，LAB_{it} 对 CUP_{it} 的促进作用强于非协同区制（$\beta_{10}>\beta_{1j}>0$；$\beta'_{2j}>\beta'_{20}>0$）。这说明虽然两个区制 LAB_{it} 与 CUP_{it} 都是显著正相关，但是在金融、财政协同的县域或时期，县域劳动力就业水平（LAB_{it}）对县域城镇化进程（CUP_{it}）的促进作用更强。

在模型 19 中，考察控制变量县域物价指数增长率（RPI_{it}）与县域城镇化进程（CUP_{it}）的关系。在协同门槛值前，模型 19 处于非协同区制，RPI_{it} 影响 CUP_{it} 的弹性系数全部小于零，两个模型的显著水平在统计意义上都不够显著。当模型 19 在协同区制时，RPI_{it} 影响 CUP_{it} 的弹性系数全部大于零，模型 19 的显著水平同样在统计意义上也都不够显著。这表明当金融、财政位于协同区制时，虽然 RPI_{it} 对 CUP_{it} 具有促进作用（$\beta_{30}>0$，$\beta'_{3j}>0$），但不显著。处于非协同区制时，RPI_{it} 阻碍 CUP_{it}（$\beta_{3j}<0$，$\beta'_{30}<0$），且不显著。这说明，在金融、财政处于协同区制的县域或时期，适度的县域通货膨胀（RPI_{it}）有利于县域城镇化进程（CUP_{it}）。

在模型 19 中，考察控制变量县域人口增长率（POP_{it}）与县域城镇化进程（CUP_{it}）的关系。在协同门槛值前后，模型 19 处于两个区制，POP_{it} 影响 CUP_{it} 的弹性系数全部大于零。模型 19 处于协同区制，两个模型在 1% 的显著性水平上显著；处于非协同区制，模型 19 的显著性水平在统计意义上不够显著，这反映出 POP_{it} 与 CUP_{it} 始终是正相关，但是处于非协同区制，正相关效果不显著。这说明县域人口增长率（POP_{it}）有利于县域城镇化进程（CUP_{it}），在金融、财政协同的县域或时期，这种促进作用更加显著。

根据模型 19 的估计结果，对应于转换变量 SCT_{it} 和 STT_{it} 的各分位点作图 5-5 和图 5-6，图 5-5 和图 5-6 更为直观地显示了相应转换函数的走势和分布特征。规模协同模型 19 在位置参数 l_j（-0.1549）两侧，金融中介与财政支出交互项（$CFI_{it} \times PFE_{it}$）的弹性系数 β_{01} 在 -0.1662~1.8732 平滑变化；在所有观测样本值中，SCT_{it} 跨过门槛值 85.65% 的观测样本只有 464 个，占全部样本值的 74.84%。在结构协同模型 19 中，在位置参数 c_j（1.5741）两侧，金融中介与财政支出交互项（$CFI_{it} \times PFE_{it}$）的弹性系数 β_{0j} 在 -0.2681~1.8777 平滑变化，在所有观测样本值中，STT_{it} 构跨过门槛值 4.5001 的观测样本只有 225 个，占全部样本值的 36.29%。Logistic 平滑转换函数曲线进一步证实了这一推论，SCT_{it} 和 STT_{it} 在协同值两侧对县域城镇化进程（CUP_{it}）的影响都是不对称的，并且 STT_{it} 函数曲线在两种状态下的转换速度似乎相对更快，大多数样本点处于中间过渡状态和非协同区制。

4. FR_{it} 协同模型检验

通过估计 PSTR 模型可以看出，农民人均纯收入增长效应依赖于县域金融中介、财政支出的协同水平，随着时间和截面单元发生变化，在每个截面单元每个时点都不同，SCC_{it}、STC_{it} 转移函数使得其回归系数成为一个以"极限机制"为界、连续的平滑变动函数。表 5-7 给出了 FR_{it} 协同模型 20 的最终估计结果。

表 5-7　FR_{it} 协同非线性 PSRT 模型参数估计

类型	相关指标 转换变量	系数	模型 20 规模协同门槛值			模型 20 结构协同门槛值		
	转换函数最优数		$m=1$			$m=1$		
	parameters		beta	pvalue	beta_std	beta	pvalue	beta_std
线性部分参数	$CFI_{it} \times PFE_{it}$	β_{00}	7.9807**	0.0156	5.6250	-2.2518***	0.0000	0.3110
	AST_{it}	β_{10}	0.1339**	0.0490	0.0950	0.0679*	0.0822	0.0390
	LAB_{it}	β_{20}	2.1720**	0.0138	1.4655	0.0442	0.2496	0.0384
	RPI_{it}	β_{30}	0.2092	0.7300	0.6058	1.0580	0.1021	0.3447
	POP_{it}	β_{40}	0.0470**	0.0391	0.0414	0.0417*	0.0959	0.0173

续表

类型	相关指标 转换变量	系数	模型 20 规模协同门槛值			模型 20 结构协同门槛值		
剩余非线性参数	$CFI_{it} \times PFE_{it}$	β_{01}	-8.3012^{**}	0.0154	5.8237	8.1382^{***}	0.0000	1.0910
	AST_{it}	β_{11}	-0.0138^{*}	0.0905	0.1161	0.1878^{**}	0.0328	0.0880
	LAB_{it}	β_{21}	-0.8778^{*}	0.0978	0.5301	0.0002^{*}	0.0998	0.0780
	RPI_{it}	β_{31}	1.2420	0.1450	0.8527	0.1579	0.8164	0.6780
	POP_{it}	β_{41}	-0.0033	0.5203	0.0523	0.0870^{**}	0.0198	0.0480
系数和：$\beta_{0j} + \beta_{ij}$	$\beta_{0j} = \beta_{00} + \beta_{01}$		$7.9807 + (-8.3012) = -0.3205^{***}$			$(-2.2518) + 8.1382 = 5.8864^{***}$		
	$\beta_{1j} = \beta_{10} + \beta_{11}$		$0.1339 + (-0.0138) = 0.1201^{***}$			$0.0679 + 0.1878 = 0.2557^{**}$		
	$\beta_{2j} = \beta_{20} + \beta_{21}$		$2.1720 + (-0.8778) = 0.0269^{*}$			$0.0442 + 0.0002 = 0.0444^{*}$		
	$\beta_{3j} = \beta_{30} + \beta_{31}$		$0.2092 + 1.2420 = 1.4512$			$1.0580 + 0.1579 = 1.2159$		
	$\beta_{4j} = \beta_{40} + \beta_{41}$		$0.0470 + (-0.0033) = -0.0437$			$0.0417 + 0.0870 = -0.1287^{**}$		
位置参数 l_j			-0.2958			1.4114		
斜率参数 s_j			11.7061			12.3267		
AIC 准则			-6.9660			-6.7560		
BIC 准则			-6.6450			-6.6590		

注：*、**、*** 分别表示 pvalue 在 10%、5% 和 1% 显著水平上通过检验，beta_std 的值为估计对应的标准误差。

从规模协同模型 20 的估计结果可知，在不同的县域金融中介、财政支出的水平上，两者的总量对农民人均纯收入增长（FR_{it}）的影响有着明显的差异。位置参数即门槛水平值 $l_j = -0.2958$（$e^{-0.2958} = 0.7439$），而金融中介和财政支出协同规模（SIZ_{it}）在位置参数 l_j 估计值 74.39% 两侧对 FR_{it} 的影响存在明显区别。在此门槛值之前，规模协同模型 20 处于协同区制，县域金融中介与财政支出总量占县域 GDP 比重小于 74.39%，且金融中介与财政支出的交互项（$CFI_{it} \times PFE_{it}$）的 β_{01} 弹性系数大于零，SIZ_{it} 对 FR_{it} 的影响表现为协同，规模协同模型 20 在 5% 的显著性水平上显著。这表明在协同的县域或时期，SIZ_{it} 对 FR_{it} 产生显著的促进效应，县域银行增加贷款余额或政府增加财政支出会促进农民人均纯收入增长（FR_{it}）。

越过门槛 l_j 之后，模型 20 处于非协同区制，县域金融中介与县域财政支出总量占县域 GDP 的比重大于 74.39%，金融中介与财政支出交互项（$CFI_{it} \times PFE_{it}$）的 β_{0j} 弹性系数小于零，且规模协同模型 20 在 5% 显著性的水平上显著。这表明在非协同的县域或时期，金融、财政投入规模过大，资源配置效率过低，产生了溢出效应，SIZ_{it} 对 FR_{it} 产生负的抑制效应，县域的银行增加贷款余额，并且政府增加财政支出将阻碍 FR_{it}。这说明随着 SIZ_{it} 的进一步发展并实现对协同门槛的跨越，农民人均纯收入增长（FR_{it}）将受到显著阻碍。

规模协同模型 20 斜率系数 $s_j = 11.7061$，表明模型在非协同与协同区制之间转换的速度很慢，转换函数呈现平滑渐进的变化趋势（如图 5-7）。这说明非线性转换函数具有明显的平滑转化特征，随着县域金融中介和财政支出占 GDP 规模达到协同门槛值，SIZ_{it} 的变化对农民人均纯收入增长（FR_{it}）的影响呈现出渐进演变的非线性关系。

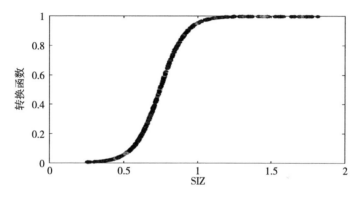

图 5-7　规模协同模型 20 Logistic 平滑转换函数曲线

由结构协同模型 20 的估计结果可知，金融中介与财政支出的协同结构（STR_{it}）在位置参数估计值 $l_j = 4.1021$（$e^{1.4115} = 4.1021$），该位置参数 l_j 估计值两侧对农民人均纯收入增长（FR_{it}）的影响存在显著性的区别。在门槛值之前，结构协同模型 20 处于非协同区制，STR_{it} 小于 4.1021，金融中介与财政支出的交互（$CFI_{it} \times PFE_{it}$）的弹性系数 $\beta_{11} < 0$，而且结构协同模型 20 在 1% 显著性的水平上较为显著。这说明在非协同的县域或时期，金融中介投入不足，而财政支出过大，导致资源错配和破坏效率，对消费和民间投资产生挤出效应。因此，STR_{it} 对 FR_{it} 产生负的非协同效应，即使政府扩大财政支出，金融中介加大信贷投放速度，也不利于农民人均纯收入增长（FR_{it}）。

跨过门槛值 l_j 之后，结构协同模型 20 处于协同区制，STR_{it} 大于 4.1021，交互项 $CFI_{it} \times PFE_{it}$ 的弹性系数 $\beta_{0j} > 0$，且结构协同模型 20 在 1% 显著性的水平上更加显著。实证表明，只要越过 4.1021 协同结构比率，扩大金融中介的信贷投放、增加县域政府的财政支出，就能对 FR_{it} 产生更加显著的正面效应。这说明在协同的县域或时期，STR_{it} 对 FR_{it} 产生交互的协同效应，县域的银行增加贷款投放，并且政府增加财政支出，保持不低于协同结构比率，这样会更为显著地促进农民人均纯收入增长（FR_{it}）。

结构协同模型 20 斜率系数 $s'_j = 12.3267$，表明模型 20 在非协同与协同区制转换的速度较慢，转换函数呈现平滑、渐进的趋势（如图 5-8 所示）。这说明非线性转换函数具有明显的平滑转化特征，随着县域金融中介和财政支出结构比率达到协同，STR_{it} 的变化对农民人均纯收入增长（FR_{it}）影响的非线性效果较为平滑。

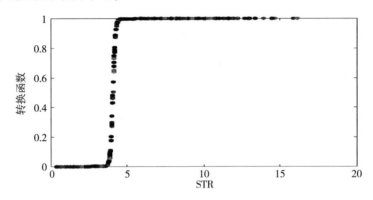

图 5-8　结构协同模型 20 Logistic 平滑转换函数曲线

从控制变量来看，在不同的金融、财政发展水平上，考察其控制变量影响县域农民纯收入增长非线性的门槛协同效应。

在模型 20 中，考察控制变量县域固定资产投资水平（AST_{it}）与农民人均纯收入增长（FR_{it}）的关系。模型 20 无论处于哪个区制，AST_{it} 影响 FR_i 的弹性系数都大于零，且模型 20 处于协同区制在 5% 的显著性水平上显著，但是进入非协同区制，模型在 10% 的显著性水平上显著。这反映出在非协同和协同的县域或时期，AST_{it} 对 FR_{it} 始终有促进作用（$\beta_{10}>0$，$\beta_{1j}>0$；$\beta'_{10}>0$，$\beta'_{1j}>0$）。模型处于协同区制时，AST_{it} 对 FR_i 的促进作用强于其在非协同区制（$\beta_{10}>\beta_{1j}>0$；$\beta'_{1j}>\beta'_{10}>0$），并且更加显著。这表明虽然在两个区制 AST_{it} 与 FR_{it} 都是正相关的，但是金融、财政处于协同区制时，县域固定资产投资水平（AST_{it}）能够更加有力地支持农民人均纯收入增长（FR_{it}）。

在模型 20 中，考察控制变量县域劳动力就业水平（LAB_{it}）与农民人均纯收入的关系。在门槛值前后，模型 20 处于两个区制，LAB_{it} 影响 FR_{it} 的弹性系数都大于零。模型 20 处于非协同区制，规模协同模型 20 在 10% 的显著性水平上略有显著，而结构协同模型 20 在统计意义上不够显著；进入协同区制时，模型分别在 5% 和 10% 的显著水平上显著。这反映出在非协同或协同的县域或时期，LAB_{it} 对 FR_{it} 始终有促进作用（$\beta_{20}>0$，$\beta_{2j}>0$；$\beta'_{20}>0$，$\beta'_{2j}>0$）。越过门槛值，模型 20 处于协同区制，LAB_{it} 对 FR_{it} 的促进作用更加显著（$\beta_{10}>\beta_{1j}>0$；$\beta'_{2j}>\beta'_{20}>0$）。这说明虽然两个区制 LAB_{it} 与 FR_{it} 都是正相关的，但是在金融、财政协同的县域或时期，县域劳动力就业水平（LAB_{it}）能够显著促进农民人均纯收入增长（FR_{it}）。

在模型 20 中，考察控制变量县域物价指数增长率（RPI_{it}）与农民人均纯收入增长（FR_{it}）的关系。在协同门槛值前后，模型 20 处于两个区制，RPI_{it} 影响 FR_{it} 的弹性系数全部大于零，两个模型处于两个区制的显著水平在统计意义上都不够显著，表明当金融、财政位于非协同和协同两个区制时，RPI_{it} 对 FR_{it} 的影响是不显著的促进作用（$\beta_{30}>0$，$\beta_{3j}>0$；$\beta'_{30}>0$，$\beta'_{3j}>0$），并且这种促进作用随着规模、结构值增大而增强（$\beta_{3j}>\beta_{30}>0$；$\beta'_{3j}>\beta'_{30}>0$）。这说明，在金融、财政两个区制的县域或时期，适度的县域通货膨胀可以促进农民人均纯收入增长（FR_{it}）。

在模型 20 中，考察控制变量县域人口增长率（POP_{it}）与农民人均纯收入增长（FR_{it}）的关系。在协同门槛值前后，模型处于两个区制，POP_{it} 影响 FR_{it} 的弹性系数全部大于零。处于协同区制时，两个模型在 5% 的显著性水平上全部显著；处于非协同区制时，协同模型 20 在统计意义上不够显著，而协同模型 20 在 10% 的显著性水平上稍有显著，这反映出 POP_{it} 与 FR_{it} 始终是正相关的，在协同的县域或时期，这种促进作用强烈，并且效果显著。这说明县域人口增长率（POP_{it}）有利于农民人均纯收入增长（FR_{it}），特别是在金融、财政协同的县域或时期，这种支持作用更加显著。

根据模型 20 的估计结果，对应于转换变量 SIZ_{it} 和 STR_{it} 的各分位点作图 5-7 和图 5-8，图 5-7 和图 5-8 更为直观地显示了相应转换函数的走势和分布特征。规模协同模型 20 在位置参数 l_j（-0.2958）两侧，金融中介与财政支出交互项（$CFI_{it}×PFE_{it}$）的弹性系数 β_{01} 在 -8.3012~0.3025 平滑变化；在所有观测样本值中，SIZ_{it} 跨过门槛值 74.39% 的观测样本只有 337 个，占全部样本值的 57.22%。在结构协同模型 20 中，在位置参数 l_j（1.4115）两侧金融中介与财政支出交互项（$CFI_{it}×PFE_{it}$）的弹性系数 β_{0j} 在 -2.2518~5.8864 平滑变化，在所有观测样本值中，STR_{it} 跨过门槛值 4.1021 的观测样本只有 250 个，占全部样本值的 42.44%。Logistic 平滑转换函数曲线进一步证实了这一推论，SIZ_{it}、STR_{it} 在协同值两侧对农民人均纯收入增长（FR_{it}）的影响都是不对称的，并且 STR_{it} 函数曲线在两种状态下的转换速度似乎相对更快，大多数样本点位于中间过渡状态和非协同区制。

5. HCE_{it} 协同模型检验

通过估计 PSTR 模型可以看出，县域人力资本提升效应依赖于县域金融中介、财政支出的协同水平，随着时间和截面单元发生变化，在每个截面单元每个时点都不同，SCC_{it}、STC_{it} 转移函数使得其回归系数成为一个以"极限机制"为界、连续的平滑变动函数。表 5-8 给出了 HCE_{it} 协同模型 21 的最终估计结果。

表 5-8　HCE_{it} 协同非线性 PSRT 模型参数估计

类型	相关指标 转换变量	系数	模型 21 规模协同门槛值			模型 21 结构协同门槛值		
	转换函数最优数 parameters		$m=1$			$m=1$		
			beta	pvalue	beta_std	beta	pvalue	beta_std
线性部分参数	$CFI_{it} \times PFE_{it}$	β_{00}	0.5694 **	0.0269	0.5152	−1.1622 ***	0.0037	1.0415
	AST_{it}	β_{10}	0.9618 ***	0.0000	0.1434	0.7602	0.1004	0.1863
	LAB_{it}	β_{20}	1.3178 ***	0.0010	0.3997	0.1565	0.9071	0.6392
	RPI_{it}	β_{30}	−0.6802	0.5633	1.1768	−0.1257 *	0.0571	0.2694
	POP_{it}	β_{40}	0.1569	0.2696	0.0515	−0.0241	0.7904	0.0906
剩余非线性参数	$CFI_{it} \times PFE_{it}$	β_{01}	−3.1498 ***	0.0004	−0.8825	2.1539 ***	0.0000	2.3125
	AST_{it}	β_{11}	−0.8019 ***	0.0000	0.1874	0.2160 ***	0.0112	0.8521
	LAB_{it}	β_{21}	−1.3146 ***	0.0000	0.2314	1.5339 ***	0.0064	1.34056
	RPI_{it}	β_{31}	−0.7593	0.1160	1.7554	−0.1018	0.1424	1.6017
	POP_{it}	β_{41}	−0.0939	0.7983	0.3673	1.8499	0.1826	1.3845
系数和 $\beta_{0j}+\beta_{i1}$	$\beta_{0j}=\beta_{00}+\beta_{01}$		0.5694−3.1498=−2.5804 ***			（−1.1622）+2.1539=0.9917 ***		
	$\beta_{1j}=\beta_{10}+\beta_{11}$		0.9618−0.8019=0.1599 ***			0.7602+0.2160=0.9762 ***		
	$\beta_{2j}=\beta_{20}+\beta_{21}$		1.3178−1.3146=0.0032 ***			0.15651+1.5339=1.6904 ***		
	$\beta_{3j}=\beta_{30}+\beta_{31}$		−0.6802−0.7593=−1.4395			（−0.1257）+0.1018=−0.0239		
	$\beta_{4j}=\beta_{40}+\beta_{41}$		0.1569+（−0.1939）=−0.0370			（−0.0241）+1.8499=1.8258		
	位置参数 l_j		−0.1929			1.2541		
	斜率参数 s_j		6.0628			1.3009		
	AIC 准则		−1.2700			5.3010		
	BIC 准则		−1.1730			−5.1470		

注：*、**、*** 分别表示 pvalue 在 10%、5% 和 1% 显著水平，beta 为弹性系数，beta_std 的值为估计对应的标准误差。

从规模协同模型 21 的估计结果可知，在不同的县域金融中介、财政支出的水平上，两者总量（SCA_{it}）对县域人力资本提升（HCE_{it}）的影响有着明显的差异。位置参数即门槛水平值 $c_j = 78.46\%$（$e^{-0.1929} = 0.7846$），而 SCA_{it} 在位置参数 c_j 估计值 78.46% 两侧对 HCE_{it} 的影响存在明显区别。在门槛值之前，规模协同模型 21 处于协同区制，SCA_{it} 比重小于 78.46%，且金融中介与财政支出交互项（$CFI_{it} \times PFE_{it}$）的 β_{01} 弹性系数大于零，SCA_{it} 对 HCE_{itt} 影响表现为协同，规模协同模型 21 在 1% 显著性水平上显著。这表明协同的县域或时期，SCA_{it} 对 HCE_{it} 产生显著的促进效应，县域金融中介增加投放或政府加大财政支出都会推进 HCE_{it}。

越过门槛 c_j 之后，规模协同模型 21 处于非协同区制，$SCA_{it} > 78.46\%$，金融中介与财政支出交互项（$CFI_{it} \times PFE_{it}$）的弹性系数 $\beta_{0j} < 0$，且规模协同模型 21 通过 1% 显著性检验。这表明在非协同的县域或时期，SCA_{it} 对 HCE_{it} 产生负效应，县域的银行增加贷款余额，并且政府增加财政支出将阻碍 HCE_{it}。这说明随着 SCA_{it} 进一步发展并实现对协同门槛的跨越，县域人力资本提升（HCE_{it}）将受到显著阻碍。

规模协同模型 21 斜率系数 $g_j = 6.0627$，表明模型在非协同与协同区制之间转换速度很慢，转换函数呈现平滑渐进变化趋势（如图 5-9 所示）。这说明非线性转换函数具有明显的平滑转化特征，随着 SCA_{it} 达到协同门槛值，SCA_{it} 的变化对县域人力资本提升（HCE_{it}）影响呈现出渐进演变的非线性关系。

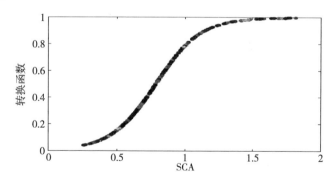

图 5-9　规模协同模型 21 Logistic 平滑转换函数曲线

对结构协同模型 21 的估计结果可知，金融中介与财政支出的协同结构（STR_{it}）在位置参数估计值 $c_j = 3.5047$（$e^{1.2541} = 3.5047$），该位置参数 c_j 估计值两侧对 HCE_{it} 的影响存在显著性的区别。在门槛值之前，模型处于非协同区制，$STR_{it}<3.5047$，金融中介与财政支出交互项（$CFI_{it}×PFE_{it}$）的弹性系数 $\beta_{11}<0$，而且结构协同模型 21 在 1% 显著性的水平上较为显著。这说明在非协同的县域或时期，STR_{it} 对 CUP_{it} 产生负的非协同效应，即使政府扩大财政支出，金融中介加大信贷投放速度，也不利于 HCL_{it}。

跨过门槛值 c_j 之后，结构协同模型 21 处于协同区制，$STR_{it}>3.5047$，金融中介与财政支出交互项（$CFI_{it}×PFE_{it}$）的弹性系数 $\beta_{0j}>0$，且结构协同模型 21 通过 1% 显著性检验。实证表明，只要越过 3.5047 协同结构比率，增加县域金融中介的信贷投放、扩大县域政府财政支出，就能对 HCE_{it} 产生更加显著的正面效应。这说明在协同的县域或时期，STR_{it} 对 HCE_{it} 产生的协同效应，县域的银行增加贷款投放，并且政府增加财政支出，保持不低于协同结构比率，这样会更为显著地促进县域人力资本提升（HCE_{it}）。

结构协同模型 21 斜率系数 $s'_j=1.3009$，表明结构协同模型 21 在非协同与协同区制转换的速度较慢，转换函数呈现平滑、渐进的趋势（如图 5-10）。这说明非线性转换函数具有明显的平滑转化特征，随着 STR_{it} 达到协同，STR_{it} 变化对县域人力资本提升（HCE_{it}）影响的非线性效果较为平滑。

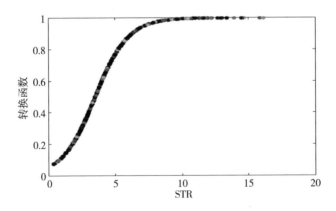

图 5-10　结构协同模型 2 Logistic 平滑转换函数曲线

从控制变量来看，在不同的金融、财政发展水平上，考察其控制变量影响县域人力资本提升（HCE_{it}）非线性的门槛协同效应。

在模型 21 中，考察控制变量县域固定资产投资水平（AST_{it}）与县域人力资本提升（HCE_{it}）的关系。两个模型无论是处于非协同区制还是在协同区制，AST_{it} 影响 HCE_{it} 的弹性系数都大于零，且模型 21 在 1% 的显著性水平上显著，县域 AST_{it} 对 HCE_{it} 始终是促进作用（$\beta_{10}>0$，$\beta_{1j}>0$；$\beta'_{10}>0$，$\beta'_{1j}>0$）。模型 21 处于协同区制时，AST_{it} 对 HCE_{it} 的促进作用强于其在非协同区制（$\beta_{10}>\beta_{1j}>0$；$\beta'_{1j}>\beta'_{10}>0$）。这表明虽然在两个区制 AST_{it} 与 HCE_{it} 关系都是正相关的，但是金融、财政处于协同区制，县域固定资产投资（AST_{it}）更加有力支持县域人力资本提升（HCE_{it}）。

在模型 21 中，考察控制变量县域劳动力就业水平（LAB_{it}）与县域人力资本提升（HCE_{it}）的关系。在门槛值前后，两个模型无论是处于非协同还是在协同区制，LFE_{it} 影响 HCE_{it} 的弹性系数都大于零。规模协同模型 21 在 1% 和 5% 的显著性水平上显著，而结构协同模型 21 在 5% 和 10% 的显著性水平上显著。这反映出在非协同和协同的县域或时期，LFE_{it} 始终对 HCE_{it} 起促进作用（$\beta_{20}>0$，$\beta_{2j}>0$；$\beta'_{20}>0$，$\beta'_{2j}>0$）。但是，模型处于协同，LFE_{it} 对 HCE_{it} 的促进作用强于非协同区制（$\beta_{10}>\beta_{1j}>0$；$\beta'_{2j}>\beta'_{20}>0$）。这说明虽然两个区制县域 LFE_{it} 与 HCE_{it} 都是显著正相关的，但是在金融、财政协同的县域或时期，劳动力就业水平（LAB_{it}）对县域人力资本提升（HCE_{it}）的促进作用更强。

在模型 21 中，考察控制变量县域物价指数增长率（RPI_{it}）与县域人力资本提升（HCE_{it}）的关系。在协同门槛值前后，模型 21 处于的非协同区制，RPI_{it} 影响 HCE_{it} 的弹性系数全部小于零，模型的显著性水平在统计意义上都不够显著。虽然 PII_{it} 对 HCE_{it} 起阻碍作用（$\beta_{30}<0$，$\beta'_{3j}<0$；$\beta_{3j}<0$，$\beta'_{30}<0$），但不显著。模型 21 处于非协同区制，RPI_{it} 阻碍 HCE_{it} 较大（$\beta_{3j}<\beta_{30}<0$；$\beta'_{3j}<\beta'_{30}<0$）。这说明县域通货膨胀（$RPI_{it}$）不利于县域人力资本提升（$HCE_{it}$），但是不显著，在金融、财政处于协同区制的县域或时期，这种抑制作用有所减缓。

在模型 21 中，考察控制变量县域人口增长率（POP_{it}）与县域人力资本提升（HCE_{it}）的关系。在协同门槛值前后，模型 21 处于非协同区制和协同区制，POP_{it} 影响 HCE_{it} 的弹性系数全部大于零，两个模型 21 的显著性水平在统计意义上不够显著。处于非协同区制，模型 21 的显著性水平在统计意义上不够显著，这反映出 POP_{it} 与 HCE_{it} 始终是促进相关（$\beta_{40}>0$，$\beta_{4j}>0$；$\beta'_{40}>0$，$\beta'_{4j}>0$），并且效果不显著。这说明县域人口增长率（POP_{it}）有利于县域人力资本提升（HCE_{it}），处于金融、财政协同的县域或时期时，这种支持作用更强（$\beta_{40}>\beta_{4j}>0$；$\beta'_{4j}>\beta'_{40}>0$）。

根据模型 21 的估计结果，对应于转换变量 SCA_{it} 和 STR_{it} 的各分位点作图 5-9 和图 5-10，图 5-9 和图 5-10 更为直观地显示了相应转换函数的走势和分布特征。规模协同模型 21 在位置参数 l_j（-0.1929）两侧，金融中介与财政支出交互项（$CFI_{it} \times PFE_{it}$）的弹性系数 β_{01} 在 0.5694～-2.5804 平滑变化；在所有观测样本值中，SCA_{it} 跨过门槛值 78.46% 的观测样本只有 408 个，占全部样本值的 65.81%。在结构协同模型 21 中，在位置参数 c_j（1.2541）两侧，金融中介与财政支出交互项（$CFI_{it} \times PFE_{it}$）的弹性系数 β_{0j} 在 -0.2681～0.6096 平滑变化，在所有观测样本值中，STR_{it} 跨过门槛值 3.5047 的观测样本只有 297 个，占全部样本值的 47.90%。Logistic 平滑转换函数曲线进一步证实了这一推论，SCA_{it} 和 STR_{it} 在协同值两侧对县域人力资本提升（HCE_{it}）的影响都是不对称的，并且 STR_{it} 函数曲线在两种状态下的转换速度似乎相对更快，大多数样本点位于中间过渡状态和非协同区制。

5.2 稳健性检验

为了检验县域金融中介、财政支出与县域经济发展关系中的非线性协同效应的稳健性，本书采取两种方法检验稳健性，一是逐一从模型中去掉一个解释变量，二是采用不同指标衡量县域经济发展水平，并对协同模型进行稳健性分析。

5.2.1 逐一剔换控制变量检验法

县域经济发展是一个多维度的结构，包含了县域经济增长（IGP_{it}）、县域产业结构升级（CIU_{it}）、县域城镇化进程（CIU_{it}）、县域农民人均纯收入增长（FR_{it}）和县域人力资本提升（HCE_{it}）五个方面。从上文实证的五个协同模型中，逐一剔换解释变量，来分析五个协同模型的稳健性。

1. IGP_{it} 协同模型的稳健性

为了检验县域金融中介、财政支出与县域经济增长（IGP_{it}）关系中的非线性协同门槛效应的稳健性，本书从模型中逐一剔换控制变量，观察变量的弹性系数和显著性水平的变化结果，以此分析模型的稳健性。将协同模型 17 逐一剔换县域固定资产投资水平（AST_{it}）、县域劳动力就业水平（LAB_{it}）、县域物价指数增长率（RPI_{it}）和县域人口增长率（POP_{it}）来检验模型的稳健性。模型检验的结果表明，逐一剔换解释变量，协同模型 17 均选择包含两个区制和单个转换函数的 PSTR 模型。表 5-9 稳健性检验的结果显示：规模协同模型 17 在稳健性检验中，表 5-9 的两个区制的结果与表 5-4 是一致的。结构协同模型 17 在非协同区制，当 PSTR 模型去掉 AST_{it} 时，劳动力就业水平影响县域经济增长的弹性系数由正变为负（$\beta_{20} = 0.0249$，$\beta'_{20} = -0.0048$），且在统计意义上不够显著。但是模型 15 在协同区制县域劳动力就业水平影响县域经济增长的弹性系数是一致的（$\beta_{2j} = 0.0105$，$\beta'_{2j} = 0.0518$），且显著性水平也大体一致。当 IGP_{it} 协同模型去掉其他控制变量，县域金融中介、财政支出影响县域经济增长的弹性系数没有变化，仅仅是模型的其他控制变量在显著性水平上有些差异。稳健性的检验表明，从模型中逐一剔换解释变量，并未改变金融中介、财政支出（SCC_{it}、STC_{it}）与县域经济增长（IGP_{it}）之间的关系存在非线性协同效应的结论，即 IGP_{it} 协同模型是稳健的。

表 5-9　IGP_{it} 协同模型的稳健性检验

模型	模型 17				模型 17			
依次剔换变量 （m，$r*$）	AST_{it} （1，1）	LAB_{it} （1，1）	RPI_{it} （1，1）	POP_{it} （1，1）	AST_{it} （1，1）	LAB_{it} （1，1）	RPI_{it} （1，1）	POP_{it} （1，1）
线性系数 β_{0j}								
β_{00}	-0.0612*** 0.0024	-0.0723** 0.0130	-0.2119*** 0.0000	-0.0882** 0.0187	-0.1580** 0.0129	-0.5443 0.2628	-0.6102 0.6596	-0.0714 0.2191
β_{10}	— —	0.1189** 0.0267	0.0091 0.2603	0.0223* 0.0319	— —	1.8886*** 0.0000	1.1044 0.0441	0.0228 0.1680
β_{20}	0.0468*** 0.0006	— —	0.0473*** 0.0002	0.0465*** 0.0017	-0.0048 0.8730	— —	4.3365*** 0.0000	0.0095* 0.7141
β_{30}	-0.4359*** 0.0000	-0.0408 0.7395	— —	-0.0196 0.8759	-0.6666*** 0.0013	-5.0604*** 0.0000	— —	-0.2171 0.1371
β_{40}	0.0066* 0.0502	0.0074*** 0.0089	0.0004 0.9388	— —	0.0592*** 0.0045	-0.0509 0.5064	-0.3144 0.3601	— —
系数 β_{j1}								
β_{01}	0.4042* 0.0982	0.2238*** 0.0001	3.4108* 0.0000	0.2534*** 0.0000	0.3473*** 0.0000	7.0500*** 0.0000	6.1588*** 0.0000	0.2430*** 0.0015
β_{11}	— —	-0.0423*** 0.0004	0.1433*** 0.0010	0.0440** 0.0013	— —	1.1411*** 0.0000	-1.0397*** 0.0000	0.0126 0.4736
β_{21}	0.0098 0.5207	— —	-0.0171 0.6166	-0.0049 0.7056	0.0566** 0.0471	— —	-0.8050*** 0.0000	0.0683*** 0.0080

模型	模型 17				模型 17			
β_{31}	0.5352	0.4227***	—	0.4428***	1.1921***	7.5770**	—	0.7499***
	0.1869	0.0030	—	0.0024	0.0000	0.0231	—	0.0000
β_{41}	−0.0123	−0.0083	−0.0965*	—	−0.0615***	−0.1978	0.3071	—
	0.7775	0.4712	0.0671	—	0.0136	0.5291	0.2871	—
系数：$\beta_{0j}+\beta_{j1}$								
$\beta_{00}+\beta_{01}$	0.3881*	0.1515***	3.1989*	0.4707***	−0.1893***	6.5057***	5.5486***	0.1716***
	0.0982	0.0001	0.0000	0.0000	0.0000	0.0000	0.0000	0.0015
$\beta_{10}+\beta_{11}$	—	0.0766***	0.1524***	−0.0217**	—	3.0297***	0.0647***	0.0354
	—	0.0004	0.0010		—	0.0000	0.0000	0.4736
$\beta_{20}+\beta_{21}$	0.0566	—	0.0302	−0.0514***	0.0518**	—	3.5315***	0.0588***
	0.5207	—	0.6616	0.000	0.0471	—	0.0000	0.0080
$\beta_{30}+\beta_{31}$	0.0993	0.3819***	—	0.04232***	0.5255***	2.5166**	—	0.5328***
	0.1869	0.0030	—	0.0024	0.0000	0.0231	—	0.0000
$\beta_{40}+\beta_{41}$	−0.0057	−0.0009	−0.0961*	—	−0.0086**	−0.2487	−0.0073	—
	0.7775	0.4712	0.0671	—	0.0136	0.5291	0.2871	—

注：***、**、*分别代表 $pvalue$ 统计量在1%、5%、10%显著性水平；—代表数据缺失；表中数据为异方差修正后的标准误差。

2. CIU_{it} 协同模型的稳健性

为了检验 AT_{it}、RT_{it} 与 CIU_{it} 关系中的非线性协同门槛效应的稳健性，本书采取从模型中逐一剔换控制变量，观察解释变量的弹性系数和显著性水平的变化情况，以此来分析模型的稳健性。将模型逐一剔换 FAI_{it}、LFE_{it}、RPI_{it} 和 PGR_{it} 来检验模型的稳健性。模型检验的结果表明，逐一剔换解释变量，模型均选择包含两个区制和单个转换函数的 PSTR 模型。表5-10 稳健性检验的结果显示：规模协同模型 18 在稳健性检验中，剔换 FAI_{it} 时，在协同和非协同区制，交互项影响 CIU_{it} 的弹性系数的正、负没有变化，仅仅模型在两个区制的显著性水平从5%变为1%，更加显著。剔换控制变量 LFE_{it}、RPI_{it} 或 PGR_{it} 时，FAI_{it} 显著性水平更加显著。剔换 PGR_{it} 时，LFE_{it} 影响 CIU_{it} 的显著性水平从1%变为10%显著，影响 CIU_{it} 的弹性系数正、负没有改变，当结构协同模型 18 剔换 4 个控制变量时，处于非协同区制，交叉项影响 CIU_{it} 由1%显著性水平上显著变为5%，而 LFE_{it} 影响 CIU_{it}，显著性在1%水平上显著变为在统计意义上不够显著。其他变量显示，表5-10 的两个区制的结果与表5-5 是一致的。所以，当模型逐一剔换

4 个控制变量时，县域金融中介、财政支出影响 CIU_{it} 的弹性系数正、负没有变化，仅仅是模型的控制变量与交互项在显著性水平上有所差异。稳健性的检验表明，从模型中逐一剔换解释变量，并未改变金融中介、财政支出（AT_{it}、RT_{it}）与县域产业结构升级（CIU_{it}）之间的关系存在非线性协同效应的结论，即 CIU_{it} 协同模型是稳健的。

表 5-10 CIU_{it} 协同模型的稳健性检验

模型	模型 18				模型 18			
依次剔换变量 $(m, r*)$	AST_{it} (1, 1)	LAB_{it} (1, 1)	RPI_{it} (1, 1)	POP_{it} (1, 1)	AST_{it} (1, 1)	LAB_{it} (1, 1)	RPI_{it} (1, 1)	POP_{it} (1, 1)
线性系数 β_{0j}								
β_{00}	5.1448*** 0.0008	2.2675** 0.0124	2.0156** 0.0163	1.5155** 0.0248	-0.2092** 0.0142	-0.0218** 0.0459	-0.1378** 0.0298	-0.0868** 0.0497
β_{10}	— —	0.5945*** 0.0000	0.4831*** 0.0016	0.4586*** 0.0010	— —	0.1409*** 0.0000	0.3210*** 0.0000	0.1936*** 0.0000
β_{20}	0.8064*** 0.0060	— —	0.5338* 0.0739	0.4569** 0.1065	0.4465*** 0.0000	— —	0.7848*** 0.0000	0.3332*** 0.0000
β_{30}	0.4130 0.7884	0.6802 0.6555	— —	0.0186 0.9882	-0.1571 0.5748	-0.4464 0.0000	— —	-0.1024 0.7662
β_{40}	-0.0662 0.4900	-0.0479 0.5362	-0.0501 0.5777		-0.0076 0.8247	-0.0101 0.2244	-0.1304 0.2624	
系数 β_{j1}								
β_{01}	-6.6528*** 0.0026	-2.8816** 0.0190	-1.5448** 0.0281	-2.0589** 0.0415	0.3606** 0.0236	0.1491** 0.0116	0.2102** 0.0454	0.1811** 0.0318
β_{11}	— —	-0.5991*** 0.0000	-0.3925*** 0.0053	-0.4065*** 0.0040	— —	0.1433*** 0.0000	0.3259*** 0.0000	0.1916*** 0.0000
β_{21}	-0.7759** 0.0096	— —	-0.5276* 0.0911	-0.4401 0.1366	0.4876*** 0.0000	— —	0.8566*** 0.0000	0.3658*** 0.0000
β_{31}	-0.4947 0.8720	-0.7264 0.8139	— —	-0.2953 0.8499	0.5288 0.1325	0.6843 0.1289	— —	-0.3141 0.4669
β_{41}	-0.0657 0.5117	-0.0434 0.5878	-0.0510 0.5884	— —	-0.0149 0.7762	-0.0514 0.1561	-0.1611 0.2601	— —

模型	模型 18				模型 18			
依次剔换变量 $(m, r*)$	AST_{it} (1, 1)	LAB_{it} (1, 1)	RPI_{it} (1, 1)	POP_{it} (1, 1)	AST_{it} (1, 1)	LAB_{it} (1, 1)	RPI_{it} (1, 1)	POP_{it} (1, 1)
系数：$\beta_{0j}+\beta_{j1}$								
$\beta_{00}+\beta_{01}$	−1.5080 *** 0.0026	−0.6414 ** 0.0190	−0.4708 ** 0.0281	−0.5434 ** 0.0415	0.1514 ** 0.0236	0.1271 ** 0.0116	0.0724 ** 0.0404	0.0943 ** 0.0318
$\beta_{10}+\beta_{11}$	— —	0.1954 *** 0.0000	0.0906 *** 0.0010	0.0521 *** 0.0040	—	0.2842 *** 0.0013	0.6469 *** 0.0000	0.3852 *** 0.0000
$\beta_{20}+\beta_{21}$	0.0305 ** 0.0096	— —	0.0062 * 0.0911	0.0168 *** 0.1366	0.9341 *** 0.0000	—	1.6414 *** 0.0000	0.6990 *** 0.0000
$\beta_{30}+\beta_{31}$	−0.0817 0.8720	−0.0462 0.8139	—	−0.2676 0.8499	0.3717 0.1325	0.2379 0.1289	—	0.4165 0.4669
$\beta_{40}+\beta_{41}$	−0.1319 0.5117	−0.0913 0.5878	−0.1011 0.5884	—	−0.0225 0.7762	−0.0615 0.1561	−0.2915 0.2601	—

注：***、**、* 分别代表 $pvalue$ 统计量在 1%、5%、10% 显著性水平；—代表数据缺失；表中数据为异方差修正后的标准误差。

3. CUP_{it} 协同模型的稳健性

为了检验县域金融中介、财政支出与县域城镇化进程关系中的非线性协同门槛效应的稳健性，本章采取从模型中逐一剔换控制变量，观察解释变量的弹性系数和显著性水平的变化情况，以此来分析模型的稳健性。将模型 19 逐一剔换县域固定资产投资水平（AST_{it}）、县域劳动力就业水平（LAB_{it}）、县域物价指数增长率（RPI_{it}）和县域人口增长率（POP_{it}）来检验模型的稳健性。模型检验的结果表明，逐一剔换解释变量，模型 19 选择包含两个区制和单个转换函数的 PSTR 模型。表 5-11 稳健性检验的结果显示：模型 19 在稳健性检验中，剔换控制变量 LFA_{it}、LFI_{it}、IPI_{it}、CPG_{it} 时，在协同和非协同区制中，金融中介与财政支出交互项（$CFI_{it} \times PFE_{it}$）影响县域城镇化进程（CUP_{it}）的弹性系数正、负没有改变，仅仅是控制变量影响 PSTR 模型的显著性水平发生了变化。

在模型 19 的检验中，首先，剔除 LFA_{it}，在非协同区制，LFA_{it} 影响 CUP_{it} 的显著性，由原来统计意义上不够显著变为在 1% 水平上显著；其次，剔换控制变量 LFE_{it} 时，在两个区制，LFE_{it} 影响 CUP_{it} 的显著性，由原来统计意义上不够显著分别变为在 5% 和 10% 水平上显著；再次，剔换 IPI_{it}

时，在协同区制，金融中介与财政支出交互项（$CFI_{it} \times PFE_{it}$）影响 CUP_{it} 在 1%显著性水平上显著变为 5%，同时 LFI_{it} 和 CPG_{it} 影响 CUP_{it} 的显著性，分别从 1%变为 10%和 5%变为 10%显著。最后，剔换 CPG_{it} 时，在非协同区制，交互项影响模型在 1%显著性水平显著变为 5%显著，同时 LFA_{it} 影响模型从统计意义上不够显著变为 5%的水平上显著。结构协同模型 19 在稳健性检验中，剔换控制变量 LFA_{it}、LFI_{it}、IPI_{it}、CPG_{it} 时，在协同区制中，金融中介与财政支出的交互项（$CFI_{it} \times PFE_{it}$）影响 CUP_{it} 在显著性水平 1%显著变为 5%。剔除 LFA_{it}，在协同区制中，LFI_{it} 影响 CUP_{it} 在 5%显著性水平上显著变为 1%。剔换 IPI_{it} 时，在两个区制中，LFI_{it} 影响模型在 1%的显著性水平上显著变为 10%。剔换 CPG_{it} 时，在非协同区制中，劳动力就业水平影响 CUP_{it} 在 5%显著性水平上显著变为 1%。其他变量显示，表 5-11 的两个区制的结果与表 5-6 是一致的。所以，当模型逐一剔换 4 个控制变量时，SCT_{it}、STT_{it} 影响 CUP_{it} 的弹性系数正、负没有变化，仅仅是模型的控制变量与模型在显著性水平上有所差异。稳健性的检验表明，从模型中逐一剔换一个解释变量，并未改变金融中介、财政支出（SCT_{it}、STT_{it}）与县域城镇化进程（CUP_{it}）之间的关系存在非线性协同效应的结论，即 CUP_{it} 协同模型是稳健的。

表 5-11　CUP_{it} 协同模型的稳健性检验

模型	模型 19				模型 19			
依次剔换变量（m, $r*$）	AST_{it} (1, 1)	LAB_{it} (1, 1)	RPI_{it} (1, 1)	POP_{it} (1, 1)	AST_{it} (1, 1)	LAB_{it} (1, 1)	RPI_{it} (1, 1)	POP_{it} (1, 1)
线性系数 β_{0j}								
β_{00}	1. 4936 *** 0. 0000	0. 5731 *** 0. 0037	2. 0156 ** 0. 0163	1. 8006 *** 0. 0067	-0. 2681 *** 0. 0000	-0. 3741 *** 0. 0091	-0. 2872 *** 0. 0000	-0. 2506 *** 0. 0068
β_{10}	— —	0. 9696 *** 0. 0052	0. 4831 *** 0. 0016	0. 1687 *** 0. 0024	— —	0. 1906 *** 0. 0000	0. 1635 ** 0. 0112	0. 1490 *** 0. 0002
β_{20}	4. 8094 *** 0. 0000	— —	0. 5338 * 0. 0739	0. 4253 *** 0. 0051	0. 1492 *** 0. 0073	— —	0. 2363 ** 0. 0185	0. 2091 * 0. 0891
β_{30}	0. 7780 0. 3676	0. 5352 ** 0. 0165	— —	0. 2592 0. 4417	-0. 2151 0. 3619	-0. 3163 0. 2170	— —	-0. 0713 -0. 7496
β_{40}	0. 1590 ** 0. 0254	0. 0165 ** 0. 0314	0. 1501 * 0. 0578	— —	0. 0430 0. 3665	0. 0519 0. 1884	0. 0370 0. 5055	— —

模型	模型 19				模型 19			
依次剔换变量$(m, r*)$	AST_{it} (1, 1)	LAB_{it} (1, 1)	RPI_{it} (1, 1)	POP_{it} (1, 1)	AST_{it} (1, 1)	LAB_{it} (1, 1)	RPI_{it} (1, 1)	POP_{it} (1, 1)
非线性系数 β_{j1}								
β_{01}	-1.9192*** 0.0000	-1.3625*** 0.0032	-2.5448** 0.0281	-1.9805** 0.0113	1.8777** 0.0292	2.0063** 0.0164	1.9415** 0.0354	1.9056** 0.0292
β_{11}	— —	-0.5410*** 0.0007	-0.4625*** 0.0053	-0.0998** 0.0238	—	0.0828*** 0.0000	0.2004*** 0.0000	0.3633*** 0.0000
β_{21}	-4.0951*** 0.0000	—	-0.5276* 0.0911	-0.2517*** 0.0031	0.4160*** 0.0000	—	0.1288* 0.0746	0.0701** 0.0190
β_{31}	-0.1880 0.2846	-0.6993* 0.0948	—	-0.2799 0.5971	0.5318 0.2530	0.3921 0.3513	—	0.4082 0.2344
β_{41}	-0.0909 0.1140	-0.0116 0.5898	-0.0510 0.5884	—	0.0355** 0.0406	0.0369* 0.0556	-0.0271** 0.0358	—
系数: $\beta_{0j}+\beta_{j1}$								
$\beta_{00}+\beta_{01}$	-0.4256*** 0.0000	-0.7894*** 0.0032	-0.5292** 0.0281	-0.1799** 0.0113	1.6685** 0.0292	1.6322** 0.0164	1.6543** 0.0354	1.6550** 0.0292
$\beta_{10}+\beta_{11}$	— —	0.4286*** 0.0007	0.0206*** 0.0053	0.0689** 0.0238	—	0.2734*** 0.0000	0.3639*** 0.0000	0.5123*** 0.0000
$\beta_{20}+\beta_{21}$	0.7143*** 0.0000	—	0.0062* 0.0911	0.1736*** 0.0031	0.5652*** 0.0000	—	0.3651*** 0.0746	0.2792** 0.0190
$\beta_{30}+\beta_{31}$	-0.5900 0.2486	-0.1641* 0.0948	—	-0.0207 0.5971	0.3167 0.2530	0.0758 0.3513	—	0.3369 0.2344
$\beta_{40}+\beta_{41}$	0.0681 0.1140	0.0049 0.5878	0.0991 0.5884	—	0.0785** 0.0406	0.0888 0.0556	0.0099** 0.0358	—

注：***、**、*分别代表 $pvalue$ 统计量在 1%、5%、10% 显著性水平；—代表数据缺失；表中数据为异方差修正后的标准误差。

4. FR_{it} 协同模型的稳健性

为了检验县域金融中介、财政支出与农民纯收入增长关系中的非线性协同门槛效应的稳健性，本章采取从模型中逐一剔换控制变量，观察解释变量的弹性系数和显著性水平的变化情况，以此来分析模型的稳健性。将模型20逐一剔换县域固定资产投资水平（AST_{it}）、县域劳动力就业水平（LAB_{it}）、县域物价指数增长率（RPI_{it}）和县域人口增长率（POP_{it}）来检验模型20的稳健性。模型检验的结果表明，逐一剔换解释变量，模型20均选择包含两个区制和单个转换函数的PSTR模型。表5-12稳健性检验的结果显示：规模协同模型20在稳健性检验中，在协同和非协同区制，金融中介与财政支出交互项（$CFI_{it} \times PFE_{it}$）影响FR_{it}的弹性系数正、负没有变化，模型在非协同区制的显著性水平更加显著。另外，当PSTR模型去掉AST_{it}或者LAB_{it}时，控制变量AST_{it}、LAB_{it}影响FR_{it}显著性水平更加显著。当结构协同模型20去掉RPI_{it}或者POP_{it}时，处于协同区制，金融中介与财政支出交互项（$CFI_{it} \times PFE_{it}$）影响FR_{it}在1%显著性水平上显著变为5%。在非协同区制，控制变量AST_{it}、POP_{it}影响FR_{it}在10%显著性水平上显著变为在统计意义上不够显著，而LAB_{it}影响FR_{it}在统计意义上不够显著变为在10%显著性水平上显著。其他变量显示，表5-12的两个区制的结果与表5-7是一致的。

综上所述，当模型逐一剔换控制变量时，县域金融中介、财政支出影响FR_{it}的弹性系数正、负没有变化，仅仅是模型的交积项和控制变量在显著性水平上有所差异。稳健性的检验表明，从模型中逐一剔换一个解释变量，并未改变金融中介、财政支出（SIZ_{it}、STR_{it}）与农民人均纯收入增长（FR_{it}）之间的关系存在非线性协同效应的结论，即FR_{it}协同模型是稳健的。

表5-12　FR_{it}协同模型的稳健性检验

模型	模型20				模型20			
依次剔换变量（m, $r*$）	AST_{it} (1, 1)	LAB_{it} (1, 1)	RPI_{it} (1, 1)	POP_{it} (1, 1)	AST_{it} (1, 1)	LAB_{it} (1, 1)	RPI_{it} (1, 1)	POP_{it} (1, 1)
线性系数 β_{0j}								
β_{00}	24.4763*** 0.0008	2.6564*** 0.0000	1.5183*** 0.0000	3.2624*** 0.0000	-0.0671*** 0.0088	-0.3678*** 0.0007	-0.6996** 0.0226	-0.7229** 0.0348
β_{10}	— —	0.9708** 0.0445	0.8231** 0.0216	1.0933* 0.0582		0.2093* 0.0932	0.5647 0.1694	0.5548 0.1661
β_{20}	2.6409* 0.0987	— 	1.0308 0.2459	2.0311 0.5028	1.0837 0.2841		0.3347* 0.0945	0.3326* 0.08475
β_{30}	4.2920 0.1324	1.1449 0.0011	— 	1.0886*** 0.0092	0.5040 0.0674*	0.4717 0.1606		0.5555 0.1071

模型	模型20				模型20			
依次剔换变量	AST_{it}	LAB_{it}	RPI_{it}	POP_{it}	AST_{it}	LAB_{it}	RPI_{it}	POP_{it}
$(m, r*)$	(1, 1)	(1, 1)	(1, 1)	(1, 1)	(1, 1)	(1, 1)	(1, 1)	(1, 1)
β_{40}	0.3378**	0.5404**	0.6259***	—	0.0674*	0.0122*	0.0479	—
	0.0131	0.0288	0.0002	—	0.0709	0.0534	0.2502	—
系数 β_{j1}								
β_{01}	−24.3444***	−3.1468***	−2.2923***	−3.6470***	0.1859***	0.4004**	1.6929**	1.2839**
	0.0011	0.0000	0.0000	0.0000	0.0028	0.0496	0.0404	0.0283
β_{11}	—	−0.2339**	−0.0547*	−0.2488**	—	0.1902***	0.0136**	0.1049**
	—	0.0183	0.0521	0.0297	—	0.0013	0.0340	0.0422
β_{21}	−1.2627**	—	−0.0411	−0.0169	0.4396*	—	0.4077*	0.3657*
	0.0371	—	0.5751	0.8683	0.0905	—	0.0918	0.0876
β_{31}	−3.2514	−0.0364	—	−0.1001	1.8199	2.4500	—	1.0304
	0.1777	0.9658	—	0.9080	0.1459	0.1481	—	0.1246
β_{41}	−0.1898	−0.1030*	−0.0452	—	0.1390**	0.3497*	0.5894**	—
	0.1803	0.0945	0.2838	—	0.0262	0.0673	0.0387	—
系数和：$\beta_{0j}+\beta_{j1}$								
$\beta_{00}+\beta_{01}$	−0.1319***	−0.4904***	−0.7440***	−0.3846***	0.1188***	0.0326**	0.9933**	0.5610**
	0.0011	0.0000	0.0000	0.0000	0.0000	0.0496	0.0404	0.0283
$\beta_{10}+\beta_{11}$	—	0.7369**	0.7684***	0.8445**	—	0.3995***	0.5783**	0.6597**
	—	0.0183	0.0010	0.0297	—	0.0013	0.0340	0.0422
$\beta_{20}+\beta_{21}$	3.0293**	—	0.9897	2.0142***	1.5233*	—	0.7424*	0.6983**
	0.0371	—	0.6616	0.8683	0.0905	—	0.0918	0.0876
$\beta_{30}+\beta_{31}$	1.0406	1.1085	—	0.9885	2.3239	2.9217	—	1.5859
	0.1777	0.9658	—	0.1024	0.1459	0.1481	—	0.1246
$\beta_{40}+\beta_{41}$	0.1480	0.4374*	0.5807	—	0.2064**	0.3619*	0.6373**	—
	0.1803	0.0945	0.2838	—	0.0262	0.0529	0.0387	—

注：上标***、**、*分别代表 *pvalue* 统计量在1%、5%、10%的显著性水平；—代表数据缺失；表中数据为异方差修正后的标准误差。

5. HCE_{it} 协同模型的稳健性

为了检验县域金融中介、财政支出与县域人力资本提升关系中的非线性协同门槛效应的稳健性，本研究从模型中逐一剔换控制变量，观察解释变量的弹性系数和显著性水平的变化情况，以此来分析模型的稳健性。将模型21逐一剔换县域固定资产投资水平（AST_{it}）、县域劳动力就业水平（LAB_{it}）、县域物价指数增长率（RPI_{it}）和县域人口增长率（POP_{it}）来检验模型21的稳健性。模型检验的结果表明，逐一剔换一个解释变量，模型

21 均选择包含两个区制和单个转换函数的 PSTR 模型。表 5 稳健性检验的结果显示：模型 21 在稳健性检验中，剔换控制变量 AST_{it} 或 LAB_{it}、RPI_{it}、POP_{it} 时，在协同和非协同区制中，金融中介与财政支出交互项（$CFI_{it} \times PFE_{it}$）影响 HCL_{it} 的弹性系数正、负没有改变，仅仅是控制变量影响 PSTR 模型的显著性水平发生了变化。

在规模协同模型 21 的检验中，首先，剔除控制变量 AST_{it}。在协同区制，交互项 $FI_{it} \times FE_{it}$ 影响 HCE_{it} 的显著性，从 5% 水平上显著变化为 1%；LAB_{it} 影响 HCE_{it} 的显著性，从 1% 水平上显著变化为 5%。在非协同区制，控制变量 LAB_{it} 影响 HCE_{it} 的显著性，从 1% 水平上显著变化为 10%。其次，剔换控制变量 LAB_{it}。在协同区制，交互项 $FI_{it} \times FE_{it}$ 影响 HCE_{it} 的显著性从 5% 水平上显著变化为 1%，AST_{it} 影响 HCE_{it} 的显著性从 1% 水平上显著变化为 5%。在非协同区制，金融中介与财政支出交互项（$CFI_{it} \times PFE_{it}$）或 AST_{it} 影响 HCE_{it} 的显著性从 1% 水平上显著变化为 5%。RPI_{it} 影响 HCE_{it} 的显著性，从统计意义上不够显著变为 10% 水平上显著。再次，剔换控制变量 RPI_{it}。在两个区制，LAB_{it} 影响 HCE_{it} 在 1% 显著性水平上显著变为 5%。最后，剔换控制变量 POP_{it}。在协同区制，AST_{it} 和 LAB_{it} 影响 HCE_{it} 的显著性从 1% 水平上显著变化为 5%。在非协同区制，AST_{it} 影响 HCE_{it} 显著性从 1% 的水平上显著变为 5%。

结构协同模型 21 在稳健性检验中，首先，剔掉控制变量 AST_{it}。在协同区制中，金融中介与财政支出交互项（$CFI_{it} \times PFE_{it}$）影响 HCE_{it} 的显著性从 1% 水平上显著变为 5%。在非协同区制中，LAB_{it} 影响 HCE_{it} 的显著性从 5% 水平上显著变化为 1%。其次，剔换控制变量 LAB_{it}。在两个区制中，交互项系数和其他控制变量对 HCE_{it} 影响的显著性水平没有发生变化。再次，剔换控制变量 RPI_{it}。在协同区制中，LAB_{it} 影响 HCE_{it} 的显著性从 1% 水平上显著变化为 5%。在非协同区制中，金融中介与财政支出交互项（$CFI_{it} \times PFE_{it}$）影响 HCE_{it} 的显著性从 1% 水平上显著变为 5%，RPI_{it} 对 HCE_{it} 影响的显著性水平从 1% 水平上显著变化为 5%，LAB_{it} 影响 HCE_{it} 的显著性从 5% 水平上显著变化为 1%。最后，剔换 POP_{it}。在协同区制中，金融中介与财政支出交互项（$CFI_{it} \times PFE_{it}$）和 AST_{it} 影响 HCE_{it} 的显著性从 1% 水平上显著变为 5%。在协同区制中，AST_{it} 对 HCE_{it} 影响的显著性水平从 1% 水平上显著变化为 5%，LAB_{it} 影响 HCE_{it} 的显著性从 5% 水平上显著变化为 1%。其他变量显示，表 5-13 的两个区制的结果与表 5-8 是一致的。

所以，当模型逐一剔换 4 个控制变量时，SCA_{it}、STR_{it} 影响 HCE_{it} 的弹

性系数正、负没有变化，仅仅是模型的控制变量与模型在显著性水平上有所差异。稳健性的检验表明，从模型中逐一剔换解释变量，并未改变金融中介、财政支出（SCA_{it}、STR_{it}）与县域人力资本提升（HCE_{it}）之间的关系存在非线性协同效应的结论，即 PSTR 模型是稳健的。

表 5-13　HCE_{it} 协同模型的稳健性检验

模型	规模协同模型21				结构协同模型21			
依次剔换 变量 （m, $r*$）	AST_{it} (1, 1)	LAB_{it} (1, 1)	RPI_{it} (1, 1)	POP_{it} (1, 1)	AST_{it} (1, 1)	LAB_{it} (1, 1)	RPI_{it} (1, 1)	POP_{it} (1, 1)
线性系数 β_{0j}								
β_{00}	61.0835*** 0.0000	35.9062*** 0.0001	39.0895** 0.0000	30.9335** 0.0001	-1.8477** 0.0492	-0.3080*** 0.0000	-6.1147*** 0.0078	-5.6369** 0.0300
β_{10}	— —	0.7478** 0.0417	6.6620*** 0.0078	0.6904** 0.0217		0.7970*** 0.0005	4.0238** 0.0327	3.2056** 0.0122
β_{20}	1.6522** 0.0462	— —	13.8344** 0.0227	2.2872** 0.0744	2.2252*** 0.0038		1.0433** 0.0401	3.8426** 0.0504
β_{30}	-11.4935 0.1350	-16.0821 0.1351		-20.9335 0.1594	-23.5741 0.1804	-2.9095 0.5954		-0.5930 0.3413
β_{40}	0.5173 0.3523	0.4537 0.2655	5.5171 0.4806		0.4325 0.6560	0.0472 0.8077	0.5688 0.4139	
系数 β_{j1}								
β_{01}	-61.8786*** 0.0000	-36.8426*** 0.0025	-30.9039** 0.0000	-32.9800** 0.0113	6.9831*** 0.0073	0.3391*** 0.0006	11.3630** 0.0401	6.9026*** 0.0099
β_{11}	— —	-0.6248*** 0.0301	-5.8485*** 0.0053	-0.5018*** 0.0238		1.0186*** 0.0021	-3.2132** 0.0458	1.2586** 0.0352
β_{21}	-0.4540* 0.0633	— —	-11.4707** 0.0466	-1.8749*** 0.0031	2.9670*** 0.0000		8.0948** 0.0334	2.0685*** 0.0352
β_{31}	-8.4006 0.1084	-6.0210* 0.0971	— —	-9.3275 0.5971	13.8524 0.2520	0.9136 0.8232		0.3690 0.4513
β_{41}	-0.3291 0.4463	-0.0111 0.2715	-5.1248 0.5421	— —	0.2702 0.3678	0.0491 0.8040	0.7892 0.2742	— —

续表

模型	规模协同模型 21				结构协同模型 21			
依次剔换变量 (m, $r*$)	AST_{it} (1, 1)	LAB_{it} (1, 1)	RPI_{it} (1, 1)	POP_{it} (1, 1)	AST_{it} (1, 1)	LAB_{it} (1, 1)	RPI_{it} (1, 1)	POP_{it} (1, 1)
系数：$\beta_{0j}+\beta_{j1}$								
$\beta_{00}+\beta_{01}$	−0.8051 *** 0.0000	−0.9364 ** 0.0025	−8.1856 ** 0.0000	−2.0465 ** 0.0113	5.1354 *** 0.0073	0.0311 ***3 0.0006	5.2483 ** 0.0401	0.4274 *** 0.0099
$\beta_{10}+\beta_{11}$	— —	0.1230 ** 0.0301	0.8135 *** 0.0053	0.1886 ** 0.0238	—	1.8156 *** 0.0021	0.8106 ** 0.0458	4.4642 ** 0.0352
$\beta_{20}+\beta_{21}$	0.1982 * 0.0633	— —	2.3637 ** 0.0446	0.4123 *** 0.0031	5.1922 *** 0.0000	—	9.1381 *** 0.0834	5.9111 *** 0.0000
$\beta_{30}+\beta_{31}$	−19.8941 0.1084	−22.1031 * 0.0971	—	−30.2610 0.5971	−9.7217 0.2520	−1.9959 0.8232	—	−0.2240 0.4513
$\beta_{40}+\beta_{41}$	0.1882 0.4463	0.4426 0.2715	0.3923 0.5421	—	0.1623 0.3678	0.0963 0.8040	1.3580 0.2742	—

注：上标 ***、**、* 分别代表 *pvalue* 统计量在 1%、5%、10%的显著性水平；—代表数据缺少；表中数据为异方差修正后的标准误差。

5.2.2　采用不同被解释变量检验法

采用不同衡量县域经济发展指标的方法，来验证模型的稳健性。本书分别采用县域经济增长（IGP_{it}）、县域产业结构升级（CIU_{it}）、县域城镇化进程（CIU_{it}）、县域农民人均纯收入增长（FR_{it}）和县域人力资本提升（HCE_{it}）来衡量县域经济发展，进一步检验县域金融中介、财政支出与县域经济发展关系中的非线性协同效应的稳健性。首先，模型以县域金融中介与财政支出的交互项作为门槛变量，模型的线性和剩余非线性检验结果（如表 5-1 所示）都显著拒绝线性模型的原假设，这说明模型采用非线性的PSTR 模型是合适的。其次，确定 PSTR 模型位置参数的个数检验的结果（如表 5-2）均表明回归转换函数最优的个数为 1（r），位置参数的最优个数也为 1（m），因此，都选择包含两个区制和单个转换函数的 PSTR 模型进行估计。再次，模型分别以县域经济增长（IGP_{it}）、县域产业结构升级（CIU_{it}）、县域城镇化进程（CIU_{it}）、县域农民人均纯收入增长（FR_{it}）和县域人力资本提升（HCE_{it}）作为被解释变量，协同模型估计的结果（如表

5-4~表5-8）表明，除了回归转换函数位置参数 c_j 的取值大小以及斜率参数 γ_j 的取值在很小的范围内波动，县域金融中介、财政支出及控制变量影响县域经济发展的五个模型弹性系数正、负没有改变，仅仅是系数大小发生变化。最后，从县域经济发展五个方面相应转换函数的走势和分布特征来看，Logistic 平滑转换函数曲线也证实了这一推论。规模协同转换模型和结构协同模型在协同值两侧对县域经济发展的五个模型的影响都是不对称的，并且结构协同模型的函数曲线在两种状态下的转换速度似乎相对稍快些，大多数样本点位于中间过渡状态和非协同区制。

以上三个方面检验结果表明，县域经济增长、县域产业结构升级、县域城镇化进程、县域农民人均纯收入增长和县域人力资本五个方面，其衡量县域经济发展的一致性是平稳的。除了县域金融中介、财政支出的协同门槛限值在很小的范围内有所变化，从非协同区制转换到协同区制的速度在很窄的范围内波动，其他最终估计值保持一致。因此，县域金融中介、财政支出与县域经济发展各个模型之间的关系存在非线性的协同门槛效应的结论是稳健的。

5.3　本章小结

本章基于县域金融中介与财政支出的协同视角，运用面板平滑转换回归模型，在非线性的框架下，实证研究了县域经济发展的五个理论模型。研究结果表明，县域金融中介、财政支出与县域经济发展的非线性效应是存在的，不仅表现在金融中介、财政支出与县域 GDP 的规模协同，还表现在县域金融中介、财政支出比率的结构协同。为了进一步确定模型估计阈值的可信度，本章采取两种检验方法，一是逐一从模型中去掉一个解释变量，二是采用不同指标衡量县域经济发展水平，对协同模型进行稳健性分析。分析结果均不同程度地显示本章的非线性估计结果是稳健的。

6 中国县域经济发展的协同效应分析

县域金融中介、财政支出是促进县域经济发展的重要源泉，两者的协同程度直接决定县域经济发展的质量。本章从县域经济发展的五个方面，即县域经济增长、县域产业结构升级、县域城镇化进程、县域农民人均纯收入增长和县域人力资本出发，详细地分析县域金融中介、财政支出协同程度对县域经济发展的影响效应。同时，本章对地区差异和控制变量的分析也是不可缺少的部分。

6.1 协同效应分析

在县域经济发展中，县域金融中介和财政支出两者投入的总量与结构的协同水平，对县域经济增长、县域产业结构升级、县域城镇化进程、县域农民人均纯收入增长和县域人力资本产生不同的效应。

6.1.1 县域经济增长效应

1. 在县域金融中介、财政支出的规模发展的过程中，只要金融中介、财政支出之和与县域 GDP 的比值不超过协同阈值 69.9213%，金融中介、财政支出与县域经济增长将保持线性关系，金融中介、财政支出交互变量的回归系数为 β_{00}（0.0827），且达到 5% 的显著性水平。结果显示，金融中介、财政支出的规模增长 1% 将拉动 0.1788% 的县域经济增长，但此时的县域经济增长的非线性机制转移特征是以金融中介、财政支出之和与县域 GDP 的比值规模为基础的。这说明，县域金融中介、财政支出对县域经济增长产生了正面效应。一方面，在这一协同区制，县域金融中介会把县域资源配置到效率和回报较高的部门，促进县域投资、技术创新和生产率提高，最终驱动县域经济增长；另一方面，县域财政支出提供了大量具有积极外部效应的公共物品与公共服务，有效地改善私人投资的外部环境，鼓励、促进私人投资的增长。县域财政支出还提供了县域经济运行所必不可少的法律法规、金融、公共卫生教育等软件条件。另外，县域财政支出积极保障私人产权，协调个人利益与社会利益免受冲击，并且限制或消除垄断、扶持企业发展、完善资本市场等，这些均具有积极的"溢出效应"。因此，县域金融中介、财政支出的规模协同有助于完善经济运行的内外部环境，进而促进县域经济增长。

一旦其规模超过协同阈值 69.9213%，两者之间的线性关系就将较慢地转化为非线性关系。金融中介、财政支出交互变量的回归系数为 β_{00}（−0.1685），且达到 1% 的显著性水平。结果显示，金融中介、财政支出的规模增长 1% 将导致降低 0.1788% 的县域经济增长。金融中介、财政支出增长对县域经济增长的正效应，将由此转变为负效应。一方面，县域金融中介充足的资金高度集中于某个领域，导致对实体部门的生产性资源，如物质资本和人力资本吸收过多，从而对实体部门经济增长产生明显的"挤出效应"。表面上，金融中介发展水平的提高，资金空转形成繁荣的假象，但实际上县域金融中介脱实向虚，金融资本并未流入实体经济领域。县域金融中介扩张过度导致不良贷款大幅上升，造成新的金融风险。另一方面，对于大规模增加政府支出而实施的扩张性政策，也将引发社会资源的扭曲和无效配置，并极大地削弱了公共支出的积极外部效应。政府支出的扩张也将导致机构臃肿、人员冗杂以及社会资金的浪费等问题。另外，财政支出的不断扩张导致政府融资需求的增加，"税负增加"对经济增长产生负效应，使得政府支出增长对经济增长将由初始的促进作用转变为"阻碍"作用。

当县域金融中介、财政支出发展到临界值时（$l_j > 69.921\%$），平滑参数非常缓慢（$s_j = 0.9947$），表明县域经济增长从线性转化为非线性的速度较慢，在协同阈值前后，县域金融中介、财政支出对县域经济增长的影响是非对称的，平滑转移效应非常平缓。

2. 县域金融中介与财政支出比值在协同阈值前（$l'_j = 3.9349$），金融中介、财政支出与县域经济增长处于非协同区制，金融中介、财政支出交互变量的回归系数为 β'_{00}（−0.1190），且达到 10% 的显著性水平。结果显示，金融中介、财政支出结构 1 单位比值的增长将降低 3.1767% 的县域经济增长。但此时的县域经济增长的非线性机制转移特征，是以金融中介与财政支出之比为基础的。县域金融中介与财政支出的比率小于 3.9349，说明县域金融中介投放信贷资金不足，县域财政支出扩张过块，导致两者比率失调。一方面，县域金融中介吸收的社会闲置资金有限，资金成本较高，难以为市场和企业融通提供更多的资金。由于县域信用体系缺失，金融中介"惜贷"，不愿意通过自身融通和信息优势缓释风险，阻碍财富在金融资产之间转换的便利性与速率。另一方面，过大的财政支出造成县域机构臃肿和人浮于事，降低了政府的工作效率。同时，沉重的税负也打击了私人投资热情，挤出了私人投资。县域政府注重建设、轻视民生，财政支出偏重见效快、增长效应明显的基本建设投资，往往忽视科教文卫的投入。因此，金融中介、财政支出结构失衡，从长远看，这很容易扭曲社会资源的合理配置，阻碍县域经济持续增长。

一旦其结构超过协同阈值（$l'_j = 3.9349$），两者之间的非线性关系就将较慢地转化为线性关系。金融中介、财政支出交互变量的回归系数为 β'_{0j}（0.1702），且达到1%的显著性水平。结果显示，金融中介、财政支出结构1单位的比值增长将提升3.1767%的县域经济增长。金融中介、财政支出增长对县域经济增长的负效应将由此转变为正效应。一方面，县域金融中介有效地把分散的储蓄转化成资本进行投资，进而使得生产过程达到有效规模，使企业获得规模经济的优势。金融中介还能改善资源配置状况，推动技术创新，从而促进县域经济增长。另一方面，财政支出与金融中介保持合理的比率，有利于县域基础设施的完善、扶持基础产业发展和引导私人投资进入高新技术产业。同时，也表明经济发展到成熟阶段，人均收入水平提高，社会对教育、保健、养老、失业及其他福利等社会性服务的需求日益增加，财政支出承担更多的民生责任。

当转换变量值等于临界值（$l'_j = 3.9349$）时，平滑参数 $s'_j = 1.0596$，表明模型的转化速度较慢，在协同阈值前后，县域金融中介、财政支出对县域经济增长的影响是非对称的，平滑转移效应非常平缓。

6.1.2 县域产业结构升级效应

1. 在县域金融中介、财政支出的规模发展过程中，只要金融中介、财政支出之和与县域GDP的比值不超过协同阈值84.70%，金融中介、财政支出交互变量的回归系数为 β_{00}（1.4625），且达到5%的显著性水平。结果显示，金融中介、财政支出与县域产业结构升级将保持线性关系，金融中介、财政支出的规模1%将拉动0.0250的县域产业结构升级，但此时的县域产业结构升级的非线性机制转移特征是以金融中介、财政支出之和与县域GDP比值的规模为基础的。这说明县域金融中介、财政支出对县域产业结构升级产生了正面效应。一方面，在这一协同区制，金融中介通过提高资本配置效率进而促进县域产业结构升级。县域金融中介能够有效地降低企业融资成本，从资金层面促进县域新兴企业发展，从而促进县域产业结构的升级。另一方面，在协同区制，县域财政支出加大对基础设施等公共产品的投入，能够改善县域市场经济环境、社会福利水平和生态环境，降低生产者和消费者的交易成本，吸引优质物质资本、人力资本、信息等生产要素的宽幅流入，形成县域较强的产业集聚效应，推动县域产业结构升级。财政支出投向的研发领域，直接刺激人力资本、技术进步、知识、信息等内生变量，增强县域产业核心竞争力，直接或间接推动产业结构升级。

一旦其规模超过协同阈值 87.70%，两者之间的线性关系就将较慢地转化为非线性关系。金融中介、财政支出交互变量的回归系数为 β_{0j} （-0.1462），且达到 5% 的显著性水平。结果显示，金融中介、财政支出的规模增长 1% 将导致降低 0.0250 的县域产业结构升级。金融中介、财政支出增长对产业结构升级的正效应，将由此转变为负效应。一方面，在非协同区制，县域金融中介将大量信贷资金集中投放到国有大中型企业和关系型企业，同时，县域中小企业难以得到信贷支持，制约了第三产业，特别是新兴产业的发展。县域金融中介投向过剩产业，使得过剩的产业资金充足，延缓了这些产业的衰退。追求跨越式、超常规发展，盲目扩大贷款规模，却忽视了贷款的质量，导致了存贷比的虚高，金融中介没有发挥应有的对产业升级的促进作用。另一方面，在非协同区制，县域财政投向见效快、增长效应明显的投资性产业，相邻的县域同质化增长方式扭曲社会资源的合理配置，导致县域间产业结构趋同化、产业结构松散和产业恶性竞争等问题，阻碍县域产业结构升级。

当县域金融中介、财政支出发展到临界值时（l_j >87.70%），平滑参数非常慢（s_j = 0.460752），表明县域产业结构升级从线性转化为非线性的速度较慢，在协同阈值前后，县域金融中介、财政支出对县域产业结构升级的影响是非对称的，平滑转移效应非常平缓。

2. 县域金融中介与财政支出的比值在协同阈值前（l'_j = 4.3802），金融中介、财政支出与县域产业结构升级处于非协同区制，金融中介、财政支出交互变量的回归系数为 β'_{00}（-0.1008），且达到 5% 的显著性水平。结果显示，金融中介、财政支出结构 1 单位比值的增长将降低 0.4839 的县域产业升级系数。但此时的县域产业结构升级的非线性的机制转移特征，是以金融中介与财政支出之比为基础的。县域金融中介与财政支出的比率小于4.3802，说明县域金融中介投放信贷资金不足，县域财政支出扩张过块，导致两者比率失调。一方面，县域金融中介的资金配置效率低下，金融服务水平有限，很难将社会储蓄转化为县域投资，阻碍了实体经济通过获得的融资用于创新研发。另一方面，县域政府出于政绩和财政收入目标，将大量财政支出投资于城市建设、资源行业和重工业项目，而投向产业结构升级的科技研发资金很少。

一旦其结构超过协同阈值（$l'_j = 4.3802$），两者之间的非线性关系将较慢地转化为线性关系。金融中介、财政支出交互变量的回归系数为 β'_{0j}（0.2155），且达到 1% 的显著性水平。结果显示，金融中介、财政支出的结构增长 1 单位比值将提升 0.4839 的县域产业升级系数。金融中介、财政支出增长对县域产业结构升级的负效应，将由此转变为正效应。一方面，处于协同区制，县域金融中介利用资本的效率，通过资金形成、资金导向、信用催化和风险分散等机制，使县域资本逐渐从回报率较低的产业转向回报率较高的产业，加快高新技术产业和新兴产业的发展，促进县域产业结构的优化调整。另一方面，处于协同区制，县域财政支出积极提供公共物品、降低县域产业发展的成本，并对重点发展的县域产业进行财政补贴，帮助企业转变发展方式，从产业链的低端走向产业链的高端，实现县域产业的优化升级。

当县域金融中介、财政支出发展到临界值时（4.3802），平滑参数非常缓慢（$s'_j = 4.4019$），表明县域产业结构升级从非线性转化为线性的速度较慢，在协同阈值前后，县域金融中介、财政支出对县域产业结构升级的影响是非对称的，平滑转移效应比较平缓。

6.1.3 县域城镇化进程效应

1. 在县域金融中介、财政支出的规模发展过程中，只要金融中介、财政支出之和与县域 GDP 的比值不超过协同阈值 85.65%，金融中介、财政支出与县域城镇化进程将保持线性关系，金融中介、财政支出交互变量的回归系数为 β_{00}（1.8731），且达到 5% 的显著性水平。结果显示，金融中介、财政支出的规模增长 1% 将提高 0.2664% 县域城镇化进程。此时，县域经济增长的非线性机制转移特征，是以金融中介、财政支出之和与县域 GDP 比值的规模为基础的，这说明县域金融中介、财政支出对县域城镇化进程产生了正面效应。一方面，在这一协同区制，县域金融中介充分通过储蓄转化为投资、提高资本配置效率、降低交易成本、分散风险等方面，促进生产要素向县域城镇聚集，加快县域产业结构的调整，同时大力提高非农收入,从而推进城镇化进程。另一方面,在协同区制,县域财政支出投向公共基础设施建设,改善城镇地区公共产品供给,吸引更多人口流入,加速城镇化进程。

一旦其规模超过协同阈值85.65%,两者之间的线性关系就将较慢地转化为非线性关系。金融中介、财政支出交互变量的回归系数为 β_{0j} (-0.1685),且达到1%的显著性水平。结果显示,金融中介、财政支出的规模1%的增长将降低0.2664%县域城镇化进程。此时,县域城镇化进程的非线性机制转移特征是以金融中介、财政支出之和与县域GDP比值的规模为基础的,金融中介、财政支出的增长对经济增长的正效应将由此转变为负效应。一方面,在非协同区制,县域金融中介过度扩张,使资源配置效率下降,导致产能过剩,增加经济运行中的成本,系统性风险有所提高,从而阻碍县域产业升级。另外,吸引投资者进入投资高回报的产业,抬高了实体经济创新发展的融资门槛,加剧金融中介的脆弱性和经济波动程度,从而不利于产业结构升级。另一方面,在非协同区制,财政支出推动公共产品和服务建设达到较高水平,县域劳动要素的边际生产率开始随人口规模的持续扩大而下降,影响劳动者的收入,私人产品消费的边际效用下降,不利于县域城镇化进程。

当县域金融中介、财政支出发展到临界值时($l_j > 85.65\%$),平滑参数比较缓慢($s_j = 8.5309$),表明县域城镇化进程从线性转化为非线性的速度较慢,在协同阈值前后,县域金融中介、财政支出对县域城镇化进程的影响是非对称的,平滑转移效应比较平缓。

2. 县域金融中介与财政支出的比值在协同阈值前($l'_j = 4.5001$),金融中介、财政支出与县域城镇化进程处于非协同区制,金融中介、财政支出交互变量的回归系数为 β'_{00}(-0.2681),且达到1%的显著性水平。结果显示,金融中介、财政支出结构增长1单位将降低0.0507的县域城镇化进程系数。此时的县域城镇化进程非线性机制转移特征,是以金融中介与财政支出之比为基础的。县域金融中介与财政支出的比率小于4.5001,说明县域金融中介投放信贷资金不足,而县域财政支出扩张过快,导致两者比率失调。一方面,金融中介对县域相关城镇化项目的投资热情不高,金融中介"惜贷"行为严重。当经济增长的就业弹性处于下行区间,金融中介对于劳动密集型行业转型和新型产业发展的支持力度远远低于市场预期,大大降低了金融中介的县域资金配置效率。另一方面,金融中介储蓄转换投资的能力较弱,金融运行效率较低,使得城镇化过度依赖于财政支出。而县域政府依然以基本建设项目为投资方向，以扩大生产规模和产量为投资目的，不折不扣争夺县域的建设热点。财政支出盲目投资，并且重复建设，致使投资效率低下、经济速度放缓，最终影响了县域城镇化进程。

一旦其结构越过协同阈值 l'_j（4.5001），两者之间的非线性关系就将较慢地转化为线性关系。金融中介、财政支出交互变量的回归系数为 β'_{0j}（1.1702），且达到1%的显著性水平。结果显示，金融中介、财政支出结构增长1单位将提升0.0507的县域城镇化进程系数。金融中介、财政支出增长对县域城镇化进程的负效应，将由此转变为正效应。一方面，处于协同区制，县域金融中介为城建项目提供专业的融资产品，填补城镇化基础设施建设资金缺口，切实保障县域民营经济产业升级的资金需求，拓宽中小企业融资渠道，大力扶持县域优势产业和农业产业化发展；满足转移农村人口就业的资金需求，推进农民市民化进程。另一方面，处于协同区制，县域财政支出突出以人为本，加大教育、医疗、社会保障和公共服务等民生投入，大力支持县域保障性安居工程建设，增加县域相关基础设施配套投入，加强养老等社会保障体系建设，支持进城农民工市民化，推进基本公共服务均等化。

当县域金融中介、财政支出发展到临界值时（4.5001），平滑参数非常缓慢（$s'_j = 0.9529$），表明县域城镇化进程从非线性转化为线性的速度较慢，在协同阈值前后，县域金融中介、财政支出对县域城镇化进程的影响是非对称的，平滑转移效应比较平缓。

6.1.4　县域农民人均纯收入增长效应

1. 在县域金融中介、财政支出规模发展的过程中，只要金融中介、财政支出之和与县域 GDP 的比值不超过协同阈值74.39%，金融中介、财政支出与农民人均纯收入增长将保持线性关系，金融中介、财政支出交互变量的回归系数为 β_{00}（7.9807），且达到5%的显著性水平。结果显示，金融中介、财政支出的规模增长1%将提高0.1401%农民人均纯收入增长。此时，农民人均纯收入增长的非线性机制转移特征是以金融中介、财政支出之和与县域 GDP 比值的规模为基础的，这说明县域金融中介、财政支出对农民人均纯收入增长产生了正面效应。一方面，在这一协同区制，金融中介通过发放信贷资金，影响县域的物质资本投资和人力资本投资，通过复杂传导途径，间接影响农民家庭经营纯收入的增长。另外，县域金融中介把储蓄转化为投资，提高资本配置效率，间接影响农村剩余劳动力转移和县域产业结构提升，同样间接影响到农民工资性收入的增长。另一方面，在协同区制，县域财政支出包含财政农业支出，而支农支出、农业基本建设支出、农业科技三项费用和农村救济费能够促进农业发展，这些农业领域的投入可以直接提高农民经营性收入。县域财政支出中的基本建设支出、文教科卫支出、行政管理支出和公检法司支出等也通过一定的机制对农民收入产生影响，这些公共服务为农民生产生活创造条件，也是农民增加收入不可或缺的因素。

一旦其规模超过协同阈值 74.39%，两者之间的线性关系就将较慢地转化为非线性关系。金融中介、财政支出交互变量的回归系数为 β_{0j}（-0.3205），且达到 1% 的显著性水平。结果显示，金融中介、财政支出规模 1% 的增长将降低 0.1401% 农民人均纯收入增长。此时，农民人均纯收入增长的非线性机制转移特征是以金融中介、财政支出之和与县域 GDP 的比值规模为基础的，金融中介、财政支出增长对农民人均纯收入增长的正效应将由此转变为负效应。一方面，在非协同区制，县域金融中介支持县域经济的发展，由于制度和功能的失衡，县域金融中介向"三农"配置资金效率大大降低，对农民人均纯收入增长具有显著的负面效应，直接导致了城乡收入差距的拉大。另一方面，在非协同区制，县域财政支出大量投向形象工程，大搞不切实际的农村全覆盖，浪费了大量的财政资源。另外，县域财政支出中的行政事业费在财政支农支出中的比例过高，而投入农村义务教育、医疗卫生、社会保障等公共事业很少，没有发挥其对农民增收的拉动作用。

当县域金融中介、财政支出发展到临界值时（$l_j > 74.39\%$），平滑参数比较缓慢（$s_j = 8.5309$），表明农民人均纯收入增长从线性转化为非线性的速度较慢，在协同阈值前后，县域金融中介、财政支出对县域城镇化进程的影响是非对称的，平滑转移效应比较平缓。

2. 县域金融中介与财政支出的比值在协同阈值前（$l'_j = 4.1021$），金融中介、财政支出与农民人均纯收入增长处于非协同区制，金融中介、财政支出交互变量的回归系数为 β'_{00}（-2.2518），且达到 1% 的显著性水平。结果显示，金融中介、财政支出的结构增长 1 单位将降低 2.54% 的农民人均纯收入增长系数。此时的农民人均纯收入增长的非线性机制转移特征是以金融中介与财政支出之比为基础的。县域金融中介与财政支出的比率小于 4.1021，说明县域金融中介投放信贷资金不足，而县域财政支出扩张过快，导致两者比率失调。一方面，处于非协同区制，县域金融中介在选择降低甚至拒绝县域涉农贷款的同时，将所吸取的县域资金投向县域以外的非农项目，直接导致县域资金的外流，严重制约了农村经济社会的发展速度和质量。另一方面，在县域财政支出的过程中，出现大量资金截留、挪用、挤占和浪费的现象，形成财政支出规模大而真正惠及农户少的反差。另外，财政支出结构中直接涉农支出比重总体还相对比较低，对农民的工资性收入、家庭经营收入、转移和财产性收入产生了负效应。

一旦其结构越过协同阈值 l'_j（4.1021），两者之间的非线性关系就将较慢地转化为线性关系。金融中介、财政支出交互变量的回归系数为 β'_{0j}（5.8864），且达到1%的显著性水平。结果显示，金融中介、财政支出结构增长1单位的比值将提升2.54%的农民人均纯收入增长系数。金融中介、财政支出增长对县域农民人均纯收入增长的负效应将由此转变为正效应。一方面，跨越协同区制，县域金融中介功能更加稳定，便于资源在不同空间的配置，通过影响县域资本存量、第二产业和第三产业的发展、农村劳动力的转移、农村劳动力的人力资本等因素来影响农民的非农收入和农业收入，进而对农民的整体收入产生影响。另一方面，跨越协同区制，政府有效发挥配置资源能力，确保财政支出直接或间接地对农民收入增长产生效应。在县域财政支出中，经济性支出和社会性支出的规模、结构合理。在财政支农稳步提高的前提下，大幅支持农业科技和农业基础设施投入。县域财政支出通过教育、文化和科技培训等公共服务提高了农村劳动力的整体素质，既有利于提高农民的农业经营收入，又能引导剩余劳动力向外转移和就业，进而带来其非农收入增长。

当县域金融中介、财政支出发展到临界值时（4.1021），平滑参数非常缓慢（$s'_j = 0.9529$），表明农民人均纯收入增长从非线性转化为线性的速度较慢，在协同阈值前后，县域金融中介、财政支出对农民人均纯收入增长的影响是非对称的，平滑转移效应比较平缓。

6.1.5 县域人力资本提升效应

1. 在县域金融中介、财政支出的规模发展的过程中，只要金融中介、财政支出之和与县域 GDP 的比值不超过协同阈值 78.46%，金融中介、财政支出与县域人力资本提升将保持线性关系，金融中介、财政支出交互变量的回归系数为 β_{00}（0.5694），且达到5%的显著性水平。结果显示，金融中介、财政支出的规模增长1%将提高 0.2664%的县域城镇化进程。此时，县域人力资本提升的非线性机制转移特征，是以金融中介、财政支出之和与县域 GDP 比值的规模为基础的，这说明县域金融中介、财政支出对县域人力资本提升产生了正面效应。一方面，在非协同区制，县域金融中介可以增加县域的物质资本投资。由于人力资本积累产生外部正效应，因此，县域金融中介通过增加物质资本投资，间接提高县域人力资本水平。金融中介向县域教育领域提供信贷资金，例如增加教育设施、向教育者提供消费信贷和分散人力资本投资风险，这些直接促进县域人力资本积累。另一方面，在非协同区制，县域财政支出投向教育事业的资金，包括教育经费、卫生医疗和社会保障等人力资本投资，直接增加县域人力资本存量。另外，县域财政支出通过税收刺激政策，鼓励企业、个人增加投资人力资本和教育基础设施，促进人力资源向人力资本转化。

一旦其规模超过协同阈值 78.46%，两者之间的线性关系就将较慢地转化为非线性关系。金融中介、财政支出交互变量的回归系数为 β_{0j}（−2.5804），且达到 1% 的显著性水平。结果显示，金融中介、财政支出的规模 1% 的增长将降低 0.2664% 的县域人力资本提升。此时，县域人力资本提升的非线性机制转移特征，是以金融中介、财政支出之和与县域 GDP 的比值规模为基础的，金融中介、财政支出增长对县域人力资本提升的正效应，将由此转变为负效应。一方面，在非协同区制，县域金融中介扩张过度，造成投资过热以及资产泡沫进一步放大，不良贷款大幅上升。县域金融扭曲现象较为显著，投资实体产生挤出效应，县域人力资本提升受到抑制，更进一步加剧资金从实体领域脱离。另一方面，在非协同区制，县域财政支出占 GDP 的比重很高，表明县域政府对投资干预严重。适得其反，县域政府过多地干预经济会导致资源配置的扭曲。另外，在总投资中，财政支出在人力资本领域的投资大大低于物质资本投资，因此，县域人力资本存量也会偏低。

当县域金融中介、财政支出发展到临界值时（$l_j > 78.46\%$），平滑参数比较缓慢（$s_j = 8.5309$），表明县域人力资本提升从线性的转化为非线性的速度较慢，在协同阈值前后，县域金融中介、财政支出对县域城镇化进程的影响是非对称的，平滑转移效应比较平缓。

2. 县域金融中介与财政支出的比值在协同阈值前（$l'_j = 3.5047$），金融中介、财政支出与县域人力资本提升处于非协同区制，金融中介、财政支出交互变量的回归系数为 β'_{00}（−0.2681），且达到 1% 的显著性水平。结果显示，金融中介、财政支出结构增长 1 单位将降低 0.0507 的县域人力资本提升系数。此时的县域人力资本提升的非线性机制转移特征是以金融中介与财政支出之比为基础的。县域金融中介与财政支出的比率小于3.5047，说明县域金融中介投放信贷资金不足，而县域财政支出扩张过快，导致两者比率失调。一方面，处于非协同区制，由于县域的资源禀赋、消费能力、信用环境等相关经济要素，还有县域金融中介处于低水平阶段，吸纳资本以及对资本的有效配置功能有限，对县域经济增长产生抑制作用，阻碍县域人力资本的提升。另一方面，处于非协同区制，县域政府按照"一级政权、一级财政"的原则巩固基层政权建设，只能运用财政支出手段保证经济发展和社会稳定。随着经济发展的深入，县域财政面临的困难随之凸显，如财政收入总额偏低、赤字面大、负债多和风险大等诸多不利因素，有些地区还存在财政空转现象。"硬公共品"服务于资本，能够带来显性县域经济增长、直接体现为县域政绩，而文教科卫等"软公共品"则更多地服务于县域居民、体现公众偏好、供给质量短期内难有显著改善。财政支出的导向能力弱化，不利于县域人力资本积累。

一旦其结构越过协同阈值 l'_j（3.5047），两者之间的非线性关系就将较慢地转化为线性关系。金融中介、财政支出交互变量的回归系数为 β'_{0j}（1.1702），且达到1%的显著性水平。结果显示，金融中介、财政支出结构1单位的比值增长将降低0.0507的县域城镇化进程系数。金融中介、财政支出增长对县域城镇化进程的负效应将由此转变为正效应。一方面，处于协同区制，那么县域金融中介通过发挥吸收储蓄资金、缓解信贷约束、消除流动性风险、分散物质资本和人力资本投资风险等功能，增加县域人力资本和物质资本的投入，提高了人力资本生产效率，从而就促进了县域人力资本积累和经济增长。另一方面，处于协同区制，县域财政支出直接增加县域基础设施投资，同时通过税收刺激或财政补贴，鼓励企业增加县域基础设施投资，促进县域物质资本积累。财政支出直接增加研究与开发投资，通过税收和补贴政策，鼓励企业增加研究与开发投资，拓展县域新的产业领域、扶持新兴产业。财政支出提供税收优惠和财政补贴政策，鼓励县域企业和个人增加人力资本投资。

当县域金融中介、财政支出发展到临界值时（3.5047），平滑参数非常缓慢（$s'_j = 0.9529$），表明县域人力资本提升进程从非线性转化为线性的速度较慢，在协同阈值前后，县域金融中介、财政支出对县域人力资本提升的影响是非对称的，平滑转移效应比较平缓。

6.2 地区差异分析

根据上文估计结果，本章进一步分析县域经济发展中的金融中介、财政支出协同效应的地区差异。不同年份，各县域金融、财政发展状态分类如表6-1~表6-5所示。

6.2.1 县域经济增长地区差异

在中国县域经济增长过程中，金融中介和财政支出的协同效应并不存在显著的地区差异。1999—2018年，只有福建、广东和山东3个省的县域金融中介和财政支出发展实现了规模协同；福建、河北、江苏、辽宁、山东、上海和浙江7个省（自治区、直辖市）的县域实现结构协同；也仅仅有福建、广东和山东三个省同时实现了规模、结构的协同。截至2018年底，在所考察的31个省（自治区、直辖市）中，安徽、北京、甘肃、广西、贵州、海南、河北、黑龙江、吉林、江西、宁夏、青海、山西、上海、四川、西藏、新疆、云南、浙江和重庆20个省（自治区、直辖市）县域金融中介和财政支出没有实现规模协同跨越，安徽、北京、甘肃、广东、广西、贵州、海南、河南、黑龙江、湖北、湖南、吉林、江西、宁夏、青海、山西、陕西、上海、四川、西藏、新疆、云南和重庆23个省（自治区、直辖市）没有跨入结构协同门槛水平行列。

1999—2007年，中国财政支出处于扩张阶段，信贷投放也是宽松的。为了克服亚洲金融危机带来的国内有效需求不足，中国政府采取积极财政政策和适度宽松的货币政策，扭转了经济衰退的趋势。这一宏观政策通过传导机制，表现在微观行为主体上。在这期间，中国大部分县域金融中介和财政支出跨越了协同门槛值，推动县域经济高速增长，达到了样本区间高峰。因此，县域金融中介和财政支出一定程度上对大部分省（自治区、直辖市）的县域经济发展发挥了积极作用。2008年，中国政府为了避免美国次贷危机对中国经济的冲击，推出了一系列的投资计划，中国杠杆率水平大幅抬升。2008—2014年，中国县域金融中介和财政支出进入非协同区制，规模和结构全部失衡，其中结构协同失衡最为严重。2008年，全国有24个省（自治区、直辖市）的金融中介与财政支出结构比重滑入非协同区制；2011年和2012年，中国有26个省（自治区、直辖市）的结构比率掉入非协同区制。从2015年开始，我国经济进入新常态，政府推出供给侧结构性改革措施，县域的金融中介和财政支出逐渐跨越协同区制，但是截至2018年底，规模、结构协同改善并不显著，同时跨越协同区制的仅有3个省（自治区、直辖市）。因此，在县域经济增长过程中，金融、财政协同效应在自然地理和社会经济方面不存在明显差异，而是将其归结于中国县域政府执行政策的差异。所以，制定支持县域经济政策时，县域政府一定要充分考虑这一特性，因地制宜地制定相关政策和制度。

表 6-1 县域经济增长协同效应的地区差异

协同门限	1999 年	2008 年	2015 年	2018 年
$l_j \leqslant 69.921\%$	安徽、福建、广东广西、河北、河南江苏、山东、四川西藏、浙江	安徽、福建、广东广西、海南、河北河南、黑龙江、湖北、湖南、吉林江苏、江西、辽宁内蒙古、青海、山东、山西、陕西四川、天津、西藏新疆、重庆	福建、广东、河南湖北、湖南、江苏辽宁、内蒙古、山东、陕西、天津	福建、广东、河南安徽、湖南、江苏辽宁、内蒙古、山东、陕西、天津
$l'_j \geqslant 3.9349$	安徽、北京、福建甘肃、广东、广西贵州、海南、河北河南、黑龙江、湖北吉林、江苏江西、辽宁、内蒙古宁夏、青海、山东山西、上海四川、天津、新疆云南、浙江、重庆	福建、河北、江苏山东、上海、天津浙江	福建、河北、江苏辽宁、山东、上海浙江	北京、河北、江苏辽宁、山东、上海天津、浙江
$l_j \leqslant 69.921\%$ 且 $l'_j \geqslant 3.9349$	安徽、福建、广东广西、河北、河南江苏、山东、四川浙江	河南、新疆、湖南陕西、安徽、江西	湖北、广西、陕西贵州、安徽、贵州	江苏、山东、天津

6.2.2 县域产业结构升级地区差异

在中国县域产业结构升级过程中，金融中介和财政支出的协同效应并不存在显著的地区差异。1999—2018 年，只有福建、广东、海南、河南、河北、山东、湖北、湖南、辽宁、内蒙古和四川 11 个省（自治区、直辖市）的县域金融中介和财政支出实现了规模协同机制；福建、江苏、山东和浙江 4 个省的县域实现结构协同；只有福建和山东两个省同时达到了规模、结构的协同。截至 2018 年底，在所考察的 31 个省（自治区、直辖市）中，安徽、北京、甘肃、贵州、宁夏、青海、山西、上海、西藏、新疆、云南、浙江、重庆 13 个省（自治区、直辖市）县域金融中介和财政支出没有实现规模协同跨越，安徽、北京、甘肃、广东、广西、贵州、海南、河南、黑龙江、湖北、湖南、吉林、江西、辽宁、内蒙古、宁夏、青海、山西、陕西、上海、四川、天津、西藏、新疆、云南、重庆 26 个省（自治区、直辖市）没有跨入结构协同门槛水平行列。

2006—2018 年，中国县域金融中介和财政支出进入非协同区制，中国 31 个省（自治区、直辖市）50% 以上县域金融中介和财政支出规模和结构失衡，其中结构协同失衡最为严重。2013—2018 年，中国大部分县域进入非协同区制，2015—2017 年县域金融中介与财政支出的规模失衡最为严重，其中有 15 个省（自治区、直辖市）的规模比重滑入非协同区制；2006—2018 年，80% 以上县域金融中介与财政支出的结构比率处于非协同区制，其中 2009—2015 年最为严重，全国有 26 个省（自治区、直辖市）的县域结构比率掉入非协同区制。从 2015 年开始，中国经济进入新常态，国家推出供给侧结构改革措施，县域的金融中介和财政支出没有跨越协同区制。截至 2018 年，规模和结构协同改善不显著，跨越协同区制的仅有 4 个省（自治区、直辖市）。因此，在中国县域产业结构升级过程中，金融、财政协同效应在自然地理和社会经济方面不存在明显差异，而是将其归结于县域政府执行政策的差异。所以，在制定支持县域产业结构升级政策时，县域政府一定要充分考虑这一特性，有的放矢地将县域金融、财政具体工具充分协同起来。

表 6-2 县域产业结构提升协同效应的地区差异

协同门限	2000 年	2006 年	2015 年	2018 年
$l_j \leqslant 84.70\%$	安徽、福建、广东、广西、贵州、海南、河北、河南、湖北、湖南、江苏、江西、辽宁、内蒙古、山东、四川、天津、西藏、浙江、重庆	安徽、福建、甘肃、广东、广西、贵州、海南、河北、河南、黑龙江、湖北、湖南、吉林、江苏、江西、辽宁、内蒙古、青海、山东、山西、陕西、四川、天津、西藏、新疆、重庆、云南	福建、广东、广西、海南、河北、河南、黑龙江、湖北、湖南、吉林、江西、辽宁、内蒙古、山东、陕西、四川、天津	福建、广东、广西、海南、河北、河南、黑龙江、湖北、湖南、吉林、江苏、江西、辽宁、内蒙古、山东、陕西、四川、天津
$l'_j \geqslant 4.3802$	安徽、北京、福建、海南、吉林、江苏、江西、辽宁、内蒙古、宁夏、青海、山东、山西、上海、四川、天津、新疆、云南、浙江、重庆	福建、河北、吉林、江苏、辽宁、山东、上海、天津、浙江	福建、江苏、山东、上海、	福建、河北、江苏、山东、浙江
$l_j \leqslant 84.70\%$ 且 $l'_j \geqslant 4.3802$	安徽、福建、江苏、江西、辽宁、内蒙古、山东、四川、天津、浙江、重庆	福建、河北、吉林、江苏、辽宁、山东、天津	福建、山东	福建、河北、江苏、山东

6.2.3 县域城镇化进程地区差异

在中国县域城镇化进程中，金融中介和财政支出的协同效应并不存在显著的地区差异。1999—2018 年，只有福建、广东、广西、海南、河南、河北、山东、湖北、湖南、吉林、江苏、辽宁、内蒙古、山西、陕西、四川和天津 17 个省（自治区、直辖市）的县域金融中介和财政支出发展实现了规模协同机制；福建、河北、江苏、山东和浙江 5 个省的县域实现结构协同；只有福建、河北和山东 3 个省同时达到了规模、结构的协同。截至 2018 年底，在所考察的 31 个省（自治区、直辖市）中，北京、甘肃、贵州、宁夏、青海、山西、上海、天津、西藏、新疆、云南、浙江、重庆 13 个省（自治区、直辖市）县域金融中介和财政支出没有实现规模协同跨越，安徽、北京、甘肃、广东、广西、贵州、海南、河北、河南、黑龙江、湖北、湖南、吉林、江西、辽宁、内蒙古、宁夏、青海、山西、陕西、上海、四川、天津、西藏、新疆、云南、重庆27个省（自治区、直辖市）没有跨入结构协同门槛水平行列。

2004—2011年，中国县域金融、财政规模协同的省（自治区、直辖市）最多。2006年，有28个省（自治区、直辖市）进入协同区制。2015—2018年，县域金融、财政规模失衡较为严重，其中有14个省（自治区、直辖市）的规模比重滑入非协同区制。2006—2018年，大多数县域金融中介与财政支出的结构比率处于非协同区制，其中2009—2015年最为严重，有27个省（自治区、直辖市）的县域结构比率掉入非协同区制。在县域城镇化进程中，金融、财政协同效应在自然地理和社会经济方面不具有明显差异，而是将其归结于县域政府执行政策的差异。所以，制定支持县域城镇化进程政策时，县域政府一定要充分考虑这一特性，打破各自为政的模式。

表6-3 县域城镇化进程协同效应的地区差异

协同门限	1999年	2004年	2009年	2018年
$l_j \leq 85.65\%$	安徽、福建、广东、广西、贵州、海南、河北、河南、湖北、湖南、江苏、辽宁、内蒙古、山东、四川、天津、西藏、浙江、重庆	安徽、福建、甘肃、广东、广西、贵州、海南、河北、河南、黑龙江、湖北、湖南、吉林、江苏、江西、辽宁、内蒙古、青海、山东、山西、陕西、四川、西藏、新疆、浙江、重庆	安徽、福建、广东、广西、海南、河北、河南、黑龙江、湖北、湖南、吉林、江苏、江西、辽宁、内蒙古、青海、山东、陕西、四川、天津、西藏、新疆、重庆	安徽、福建、广东、广西、海南、河北、河南、黑龙江、湖北、湖南、吉林、江苏、江西、辽宁、内蒙古、山东、陕西、四川
$l'_j \geq 4.5001$	安徽、北京、福建、甘肃、广东、广西、贵州、海南、河北、河南、黑龙江、湖北、吉林、江苏、江西、辽宁、内蒙古、宁夏、青海、山东、山西、上海、四川、天津、新疆、云南、浙江、重庆	安徽、北京、福建、河北、黑龙江、湖北、吉林、江苏、辽宁、山东、山西、陕西、上海、天津、浙江、新疆、河南	福建、江苏、山东、上海、浙江	福建、江苏、山东、浙江

协同门限	1999 年	2004 年	2009 年	2018 年
$l_j \leqslant 85.65\%$ 且 $l'_j \geqslant 44.5001$	安徽、福建、广东、广西、河北、河南、湖北、江苏、辽宁、内蒙古、山东、四川、天津、浙江、重庆	安徽、福建、河北、黑龙江、湖北、吉林、江苏、辽宁、山东、陕西、山西、浙江、新疆	福建、江苏、山东	福建、江苏、山东

6.2.4 县域农民人均纯收入增长地区差异

在县域农民人均纯收入增长中，金融中介和财政支出的协同效应表现的地区差异并不十分显著。1999—2018 年，只有北京、宁夏、上海和云南 4 个省（自治区、直辖市）的县域金融中介和财政支出发展实现了规模协同机制；福建、江苏、山东和浙江 4 个省的县域实现结构协同；没有一个省（自治区、直辖市）同时达到了规模、结构的协同。截至 2018 年底，在所考察的 31 个省（自治区、直辖市）中，安徽、北京、甘肃、广西、贵州、海南、黑龙江、江西、宁夏、青海、山西、上海、四川、西藏、新疆、云南、浙江、重庆 18 个省（自治区、直辖市）县域金融中介和财政支出没有实现规模协同跨越，安徽、北京、甘肃、广东、广西、贵州、海南、河南、黑龙江、湖北、湖南、吉林、江西、内蒙古、宁夏、青海、山西、陕西、四川、西藏、新疆、云南、重庆 23 个省（自治区、直辖市）没有跨入结构协同门槛水平行列。

2007—2018 年，中国县域金融中介和财政支出进入非协同区制，全国 31 个省（自治区、直辖市）的大部分县域金融中介和财政支出规模和结构失衡，其中结构协同失衡最为严重。2013—2018 年，全国大部分县域进入非协同区制，2015 年县域金融中介与财政支出的规模失衡最为严重，其中有 21 个省（自治区、直辖市）的规模比重滑入非协同区制；2007—2018 年，县域金融中介与财政支出的结构比率处于非协同区制，其中 2011 年、2012 年和 2013 年最为严重，中国有 26 个省（自治区、直辖市）的县域结构比率掉入非协同区制。从 2015 年开始，我国经济进入新常态，国家推出供给侧结构性改革措施，县域的金融中介和财政支出逐渐跨越协同区制，但是截至 2018 年底，规模和结构协同改善并不显著，跨越协同区制的仅有 5 个省，即福建、河北、江苏、辽宁和山东。因此，制定支持农民人均纯收入增长政策时，县域政府一定要充分考虑金融、财政因素，因地制宜、有的放矢地将县域金融、财政充分协同起来。

表6-4　农民人均纯收入协同效应的地区差异

协同门限	2000 年	2006 年	2012 年	2018 年
$l_j \leqslant 74.39\%$	安徽、福建、广东广西、贵州、海南河北、河南、湖北湖南、江苏、辽宁内蒙古、山东、四川天津、西藏、浙江重庆	安徽、福建、甘肃广东、广西、贵州海南、河北、河南黑龙江、湖北、湖南、吉林、江苏江西、辽宁、内蒙古、青海、山东、山西、陕西、四川、西藏、新疆、重庆	安徽、福建、广东广西、海南、河北河南、黑龙江、湖北、湖南、吉林、江西、辽宁、内蒙古、山东、山西、陕西、天津	福建、广东、河北河南、湖北、湖南吉林、江苏、辽宁内蒙古、山东、陕西、天津
$l'_j \geqslant 4.1021$	安徽、北京、福建甘肃、广东、广西贵州、海南、河北河南、黑龙江、湖北湖南、吉林、江苏江西、辽宁、内蒙古宁夏、青海、山东山西、陕西、上海四川、天津、新疆云南、浙江、重庆	福建、河北、黑龙江、吉林、江苏、辽宁、山东、陕西、上海、天津、山东、浙江	福建、江苏、山东上海、浙江	福建、河北、江苏辽宁、山东、上海浙江
$l_j \leqslant 74.39\%$ 且 $l'_j \geqslant 4.1021$	安徽、福建、广东广西、贵州、海南河北、河南、湖北、湖南、江苏、辽宁内蒙古、山东、四川天津、浙江、重庆	福建、河北、黑龙江、吉林、江苏辽宁、山东、陕西	福建、山东	福建、河北、江苏辽宁、山东

6.2.5　县域人力资本提升地区差异

在中国县域人力资本提升过程中，金融中介和财政支出的协同效应并不存在显著的地区差异。1999—2018 年，只有福建、广东、河南、河北、湖北、湖南、辽宁、内蒙古和山东 9 个省（自治区、直辖市）的县域金融中介和财政支出发展实现了规模协同机制；福建、河北、江苏、山东、上海、天津和浙江 7 个省（自治区、直辖市）的县域实现结构协同；只有福建、河北和山东3个省同时达到了规模、结构的协同。截至2018年底，在所考察的31个省（自治区、直辖市）中，安徽、北京、甘肃、广西、贵州、海南、江西、宁夏、青海、山西、上海、四川、天津、西藏、新疆、云南、浙江、重庆18个省（自治区、直辖市）县域金融中介和财政支出没有实现规模协同跨越，安徽、北京、甘肃、广东、广西、贵州、海南、河南、黑龙江、湖南、湖北、吉林、江西、内蒙古、宁夏、青海、山西、陕西、四川、西藏、新疆、云南、重庆23个省（自治区、直辖市）没有跨入结构协同门槛水平行列。到2008年，也仅仅有5个省跨越了规模和结构协同区制，即福建、河北、江苏、辽宁和山东。

2004—2010年，中国县域金融、财政规模协同的省（自治区、直辖市）最多。2006年，83.87%的省（自治区、直辖市）进入协同区制。2015—2018年，县域金融、财政规模失衡较为严重，其中有61.29%的省（自治区、直辖市）规模比重滑入非协同区制。2008—2018年，大多数县域金融中介与财政支出的结构比率处于非协同区制，其中2016年最为严重，有26个省（自治区、直辖市）的县域协同结构比率滑入非协同区制。在县域人力资本提升过程中，金融、财政协同效应在自然地理和社会经济方面不具有明显差异，而是将其归结于县域政府执行政策的差异。所以，制定支持县域人力资本提升政策时，县域政府一定要充分考虑这一特性，打破各自为政、独立运作的模式。

表6-5　县域人力资本提升协同效应的地区差异

协同门限	2002年	2006年	2015年	2018年
$l_j \leq 78.46\%$	安徽、福建、广东广西、海南、河北河南、湖北、湖南江苏、江西、辽宁内蒙古、山东、四川天津、西藏、浙江重庆	安徽、福建、甘肃广东、广西、贵州海南、河北、河南黑龙江、湖北、湖南、吉林、江苏江西、辽宁、内蒙古、青海、山东、山西、陕西、四川、天津、西藏、新疆、重庆	广东、河北、河南黑龙江、湖北、湖南、吉林、辽宁、内蒙古、山东、陕西、天津	福建、广东、河北河南、黑龙江、湖北、湖南、吉林、江苏、辽宁、内蒙古、山东、陕西

协同门限	2002 年	2006 年	2015 年	2018 年
$l'j \geqslant 3.5047$	安徽、北京、福建 甘肃、广东、广西 贵州、海南、河北 河南、黑龙江、湖北 湖南、吉林、江苏 江西、辽宁、内蒙古 宁夏、青海、山东 山西、陕西、上海 四川、天津、新疆 云南、浙江、重庆	安徽、北京、福建、 河北、河南、 黑龙江、吉林、 江苏、辽宁、宁夏、 山东、山西、陕西、 上海、天津、云南、 浙江	福建、河北、江苏 山东、上海、浙江	福建、河北、江苏 辽宁、山东、天津 浙江
$l_j \leqslant 78.46\%$ 且 $l'_j \geqslant 3.5047$	安徽、福建、广东 广西、海南、河北 河南、湖北、湖南 江苏、江西、辽宁 内蒙古、山东、四川 天津、浙江、重庆	安徽、福建、河北、 河南、黑龙江、 吉林、江苏、辽宁 山东、山西、陕西 天津	河北、山东	福建、河北、江苏 辽宁、山东

6.3 控制变量分析

参照大多数学者的做法，本章选取固定资产投资水平、县域劳动力就业水平、县域物价增长指数和县域人口镇长率作为控制变量。

6.3.1 县域经济增长

从县域经济增长来看，固定资产投资虽然能够推动县域经济增长，但是如果跨越金融、财政的协同区制，那么县域固定资产的投资将更加有力地促进县域经济增长，同时也能提升投资边际回报。劳动力就业水平始终对县域经济增长产生正面效应，一旦跨越协同区制，县域劳动者素质显著提升，从而就将显著促进县域经济增长。当金融中介、财政支出位于协同区制时，物价增长指数影响县域经济增长由正相关变为负相关且显著。这说明只要提升县域金融、财政的发展水平，适度的通货膨胀就有利于县域经济增长。当县域金融中介和财政支出跨越协同门槛值后，县域人口增长率将阻碍经济增长。随着县域生活和医疗水平的改善，人的寿命大大延长。

县域人口出生率降低，青壮年外出打工，县域老年人相对增加。政府提供老年人社会保障和福利的资金越来越多。另外，老龄化阻碍县域创新实践，抑制设施农业建设，拖累了县域经济增长。

6.3.2 县域产业结构升级

从县域产业结构升级来看，县域固定资产投资水平与县域产业结构升级始终呈现正相关，但是进入金融、财政的协同区制，县域固定资产的投资将更加显著地促进县域产业结构升级，同时也能提升投资边际回报率。在非协同和协同区制，劳动力就业水平一直促进县域产业结构升级，一旦跨越协同区制，县域劳动力就业水平将更加强有力地促进县域产业结构升级并且显著。当金融、财政处于非协同区制，县域物价增长指数阻碍县域产业结构升级；当跨越协同区制，物价增长指数与县域产业结构升级呈现正相关。这说明提升县域金融、财政的协同水平，适度的通货膨胀有利于县域产业结构升级。县域人口增长始终与县域产业结构升级呈负相关并且不显著。

6.3.3 县域城镇化进程

从县域城镇化进程来看，县域固定资产投资水平与县域城镇化进程始终呈现正相关，但是进入金融、财政的协同区制，县域固定资产的投资将更加显著地促进县域城镇化进程，同时也能提升投资边际回报率。在非协同和协同区制，县域劳动力就业水平一直促进县域城镇化进程，一旦跨越协同区制，县域劳动力就业水平将更加强有力地促进县域城镇化进程，并且显著。当金融、财政处于非协同区制，县域物价增长指数阻碍县域城镇化进程；当跨越协同区制，县域物价指数增长率与县域城镇化进程正相关。这说明提升县域金融、财政的协同水平，适度的通货膨胀有利于县域城镇化进程。县域人口增长率始终与县域城镇化进程正相关，但是在协同区制，这种促进作用更加显著。

6.3.4 县域农民人均纯收入增长

从县域农民人均纯收入增长情况来看，县域固定资产投资水平与农民人均纯收入增长始终呈现正相关，但是跨越金融、财政的协同区制，县域固定资产投资将更加有力地促进农民人均纯收入增长，同时也能提升投资边际回报率。劳动力就业水平一直对农民人均纯收入增长产生正面效应，一旦跨越协同区制，县域劳动者素质显著提升，从而将显著促进农民人均纯收入增长。当金融中介、财政支出位于协同区制，县域物价增长指数影响农民人均纯收入增长由负相关转变为正相关且显著。这说明只要提升县域金融、财政的协同水平，适度的通货膨胀就有利于农民人均纯收入增长。县域人口增长有利于农民人均纯收入增长，特别是在金融、财政处于协同的县域或时期，这种促进作用更加显著。

6.3.5　县域人力资本提升

从县域人力资本提升程度来看，在控制变量中，县域固定资产投资水平与县域人力资本提升始终呈现正相关，但是进入金融、财政的协同区制，县域固定资产的投资将更加显著地促进县域人力资本提升，同时也能提升投资边际回报率。在非协同和协同区制，劳动力就业水平一直促进县域人力资本提升，一旦跨越协同区制，县域劳动力就业水平就将更加强有力地促进县域人力资本提升，并且显著。县域物价增长指数始终不利于县域人力资本提升。当处于非协同区制，物价指数增长率严重阻碍县域人力资本提升。这说明通货膨胀不利于县域人力资本提升。县域人口增长始终与县域人力资本提升呈正相关，但是在协同区制，这种促进作用更加显著。

6.4　本章小结

本章基于县域金融中介和财政支出的视角，翔实分析了县域经济发展的协同效应。其中，在县域经济增长的非线性效应中，金融中介、财政支出协同规模为69.9213%，协同结构为3.9349；在县域产业结构升级的非线性效应中，金融中介、财政支出协同规模为87.70%，协同结构为4.3802；在县域城镇化进程的非线性效应中，金融中介、财政支出协同规模为85.65%，协同结构为4.5001；在农民人均纯收入增长的非线性效应中，金融中介、财政支出协同规模为74.39%，协同结构为4.1021；在县域人力资本提升的非线性效应中，金融中介、财政支出协同规模为78.46%，协同结构为3.5047。在绝大部分省（自治区、直辖市）、大多数年份的县域经济发展中，县域金融中介、财政支出资金配置规模结构均没有达到协同比率。

本章以1999—2018年31个省（自治区、直辖市）的1993个县域为样本，分析了金融中介、财政支出协同水平分别对县域经济增长、县域产业结构、县域城镇化进程、县域农民人均纯收入增长和县域人力资本提升影响效应的地区差异。鉴于此，在县域经济发展中，县域金融中介、财政支出分别实现了不同协同水平的门槛跨越，为县域经济发展做出了积极贡献。

　　在不同的协同水平上，控制变量对县域经济发展的五个方面表现出不同的影响。各控制变量影响经济发展的系数表明，无论是在非协同区制，还是在协同区制，除了县域物价指数增长率影响经济发展的系数存在正、负变化，县域固定资产投资增长率、县域劳动力就业水平和县域人口增长率控制变量影响经济发展的系数均为正，仅仅在不同区制表现出不同的显著性水平。这说明控制变量影响县域经济发展的系数受协同水平的影响较弱。换句话说，控制变量与县域经济发展之间的非线性协同门槛效应不够明显，印证本书考察县域金融中介、财政支出与县域经济发展之间的非线性协同门槛效应是合适的，同时也说明县域经济增长、县域产业结构、县域城镇化进程、农民人均纯收入增长和县域人力资本提升五个方面反映县域经济发展状况。

7　结论、政策建议与展望

本章在对前面各章相关理论、实证和效应分析的基础上，对全书主要研究内容加以总结，并基于理论分析与实证研究结果，分析中国县域经济发展情况，针对县域金融中介和财政支出发展中的协同效应，提出相应政策建议与展望。

7.1　主要结论

7.1.1　县域经济发展

本书借鉴西方发达国家的最新理论成果，从经济发展的本质出发，以现代区域经济理论和方法为基础，对县域经济发展具体问题开展研究。县域经济发展不仅是经济总量的增长，更是质量的提高，也是经济社会的全面发展；以县域产业升级和农民人均纯收入增长为基本落脚点，是促进县域城镇化进程和城乡统筹发展的必由之路；更是以人为本、全面、协调、可持续的发展。因此，县域经济发展包含五个方面，即县域经济增长、县域产业结构升级、县域城镇化进程、县域农民人均纯收入增长和县域人力资本提升。

另外，在不同的协同水平上，考察控制变量对县域经济发展的影响。在第五章表5-4中，各控制变量影响经济发展的系数表明，无论是处于协同区制还是处于非协同区制，县域固定资产投资水平、县域劳动力就业水平、县物价增长指数和县域人口增长率影响经济发展的系数均为正，仅仅是在不同区制的显著性上发生了变化。这说明控制变量影响县域经济发展受县域金融中介和财政支出协同水平的影响较弱。换句话说，四个控制变量与县域经济发展之间的非线性关系受县域金融中介和财政支出门槛协同效应影响不够明显，也从另一个角度印证本书所考察的县域经济增长、县域产业结构升级、县域城镇化进程、县域农民人均纯收入增长和县域人力资本提升是县域经济发展的内在体现，五个方面揭示了县域经济发展的本质内涵。

7.1.2 县域经济发展协同效应

本书采用面板平滑转换模型（PSTR），利用 1999—2018 年中国 31 个省（自治区、直辖市）1993 个县域的面板数据，在县域金融中介和财政支出协同的视角下，考察了中国县域经济发展效应。

1. 县域金融中介、财政支出对县域经济发展效应存在非线性的机制转移特征，不仅表现在金融中介和财政支出的规模上，也反映在金融中介与财政支出的结构上。在协同门槛阈值前后，县域金融中介和财政支出对县域经济发展的影响由阻碍抑制转变为促进，并且促进效应随着县域金融中介和财政支出发展水平的提升而逐渐增强。金融中介和财政支出的发展对县域经济增长的影响始终表现为抑制，跨过协同门槛阈值水平之后，其促进县域经济增长的速度明显提升。目前，中国绝大多数县域处于由阻碍机制转向协同机制的阶段，平滑转移效应非常平缓。

2. 在县域经济发展中，县域金融中介和财政支出两者投入总量与结构的协同水平对县域经济发展产生不同的影响效应。

在县域经济增长过程中，其非线性的机制转移特征主要依赖于两个基础：一是以金融中介、财政支出之和与县域 GDP 的比值规模为基础；二是以金融中介与财政支出之比为基础。这个协同比值就是金融中介与财政支出在县域的投入总量占县域 GDP 的 69.92%，且县域金融中介与财政支出的比值为 3.9394。当县域金融中介和财政支出两者投入的总量与结构比值达到 69.92% 和 3.9394 时，此时规模和结构都实现了协同阈值，县域经济才能实现线性增长。

在县域产业结构升级过程中，其非线性的机制转移特征同样依赖于两个基础：一是以金融中介、财政支出之和与县域 GDP 的比值规模为基础；二是以金融中介与财政支出之比为基础。这个协同比值就是金融中介与财政支出在县域的投入总量占县域 GDP 的 84.70%，且县域金融中介与财政支出的比值为 4.3802。当县域金融中介和财政支出两者投入的总量与结构比值达到 84.70% 和 4.3802 时，规模和结构都跨越了协同阈值，县域产业结构才能实现升级。

在县域城镇化进程过程中，其非线性的机制转移特征依然依赖于两个基础：一是以金融中介、财政支出之和与县域 GDP 的比值规模为基础；二是以金融中介与财政支出之比为基础。这个协同比值就是金融中介与财政支出在县域的投入总量占县域 GDP 的 85.65%，且县域金融中介与财政支出的比值为 4.5001。当县域金融中介和财政支出两者投入的总量与结构比值达到 85.65% 和 4.5001 时，规模和结构都实现了协同阈值，县域城镇化进程才能提升。

在县域农民人均纯收入增长过程中，其非线性的机制转移特征也要依赖于两个基础：一是以金融中介、财政支出之和与县域 GDP 的比值规模为基础；二是以金融中介与财政支出的比值为基础。这个协同比值就是金融中介与财政支出在县域的投入总量占县域 GDP 的 74.39%，且县域金融中介与财政支出的比值为 4.1021。当县域金融中介和财政支出两者投入的总量与结构比值达到 74.39% 和 4.1021 时，规模和结构都跨越了协同阈值，农民人均纯收入才能增长。

在县域人力资本提升过程中，其非线性的机制转移特征主要还是依赖于两个基础：一是以金融中介、财政支出之和与县域 GDP 的比值规模为基础；二是以金融中介与财政支出之比值为基础。这个协同比值就是金融中介与财政支出在县域的投入总量占县域 GDP 的 78.46%，且县域金融中介与财政支出的比值为 3.5047。当县域金融中介和财政支出两者投入的总量与结构比值达到 78.46% 和 3.5047 时，规模和结构都实现了协同阈值，县域人力资本存量才能得到提升。

上述结论意味着，促进中国县域经济发展应该基于县域金融中介和财政支出协同水平。同时说明，一味加大县域金融机构的信贷投放，对促进县域经济发展未必有效；盲目扩大县域财政支出，推动县域经济发展同样未必可行。决策层必须高度关注县域金融中介和财政支出的协同效应，尤其要研究两者关系机制转移的规模协同和结构协同。实证检验发现，目前中国绝大部分省（自治区、直辖市）、绝大多数年份的县域金融中介和财政支出规模与结构均没有达到协同标准，说明现阶段中国县域金融中介、财政支出总量增长和结构调整对县域经济发展的作用还未转入"协同"区制，仍具备较大的金融、财政推动县域经济发展的空间。因此，在县域经济发展过程中，金融、财政协同效应在自然地理和社会经济方面不具有明显差异，而是应归结于中国县域政府执行政策的差异。所以，在制定支持县域经济政策时，县域政府一定要充分考虑这一特性，打破各自为政、独立运作的模式，因地制宜、有的放矢地制定相关政策和制度。

7.1.3 其他控制变量的影响效应

本书为防止因控制变量过多而出现多重共线性的问题进而影响检验结果，专门选取相关系数不高的县域固定资产投资水平、县域劳动力就业水平、县域物价增长指数和县域人口增长率四个变量作为其他控制变量。

固定资产投资水平与县域经济增长、县域产业结构升级、县域城镇化进程、县域农民人均纯收入增长和县域人力资本提升始终呈现正相关，但是进入金融、财政的协同区制，县域固定资产投资将更加显著地促进县域经济发展，同时也能提升投资边际回报率。这说明，只要在县域扩大固定资产投资率，就能够提高县域人均资本存量，也包括农民，一旦跨越协同区制，将更加显著地促进县域经济发展。

劳动力就业水平始终对县域经济增长、县域产业结构升级、县域城镇化进程、县域农民人均纯收入增长和县域人力资本提升产生正面效应，在两个区制，仅仅在显著性方面有所变化。结果表明，劳动力就业水平对县域经济发展的非线性影响受协同门槛的影响很弱。劳动力就业能力是县域劳动者适应工作环境的能力、处理人际关系的能力、自我管理能力、决策引导能力和对现实资源的利用能力等的综合体现。而劳动力的就业水平代表县域经济社会发展所创造的新的就业机会，对县域劳动力的综合知识和能力形成了一定的需求。因此，劳动力的就业水平高会促进县域经济发展，保持合理的比率才能有效促进农村剩余劳动力转移，实现城乡统筹发展。

当金融中介、财政支出从非协同区制跨越协同区制，物价增长指数影响县域经济增长、县域产业结构升级、城镇化进程则由负相关转变为正相关且不显著。但是，物价增长指数始终阻碍县域人力资本提升，一直有利于农民人均纯收入增长。这说明只要提升县域金融、财政发展的协同水平，适度的通货膨胀有利于县域经济增长、县域产业结构升级、县域城镇化进程和农民人均纯收入增长。县域人力资本提升方面，政府出台针对人力资本积累的优惠政策，完全可以兼顾县域经济发展的五个方面。

在两区制，县域人口增长率始终与县域产业结构升级呈负相关，却一直与县域城镇化进程呈正相关。县域人口增长率与县域经济增长、农民纯收入增长和人力资本提升存在微弱的门槛效应。这预示着县域人口增长率与县域经济发展呈现出复杂的非线性关系。人口增长是县域经济社会发展面临的重要问题，应时刻把握金融财政的协同区制，提高县域人口素质，促进人口适当增长。

7.2　政策建议

由于县域金融中介与财政支出的政策制定和执行归属于不同的部门，基于各自不同利益，在职能特性、管理体制和运行机制等方面都有很大不同，导致两者的资金在使用和配置方面难以建立协同机制，这是导致县域金融中介与财政支出之间协同不畅的根本原因。一味地扩大财政支出规模，促进县域经济发展未必时刻有效；在县域财政支出投入有限的情况下，妄想通过县域金融机构投入大量的银行信贷，促进县域经济发展也未必可行。由于二者资金的运行与配置长期隔绝，决策层很少关注过金融中介与财政支出规模和结构协同程度，导致两者资金在使用和配置上很难建立协同耦合机制。金融中介和财政支出具有各自不同的调节领域，并且在不同的领域两者的调节有各自的优势和局限性。金融中介和财政支出单独使用各有利弊，只有把两者结合起来使用，才能完善县域财政与金融支持体系。因此，增强县域金融、财政协同效应的具体措施和政策建议有以下五个方面。

7.2.1　建立县域金融、财政的沟通机制

在任何经济体中，财政政策与货币政策均应相互搭配使用，并通过一定的传导机制，引导市场主体参与经济活动，具体表现在微观领域的现实效应就是金融中介和财政支出协同程度。两者协同，则均衡配置，可以促进经济增长；反之，则制约经济发展。县域应当成立一个在政府领导下，由财政、银行和人民银行相关人员组成的县域经济金融委员会，协调财政与银行两大部门，使之信息充分对称。贯彻实施宏观政策以及结合县域实际出台具体政策，紧紧围绕金融中介和财政支出的规模、结构协同值，推动银行与财政搭配、财政引导、银行跟进以及财政杠杆撬动的模式，促进县域金融中介与财政支出两股力量跨越协同区制。同时，对具体工具在县域经济发展中的执行效果进行总结和沟通，及时发现政策实施和协调过程中的不畅与不足，加以反馈与修正，以提高政策的协同性和实际效果。

7.2.2 建立县域金融主导、财政支持的协同机制

在一个不确定的环境中，金融中介能够便利资源在不同时间、空间的配置，其在县域经济发展中发挥着至关重要的作用。为此，应充分发挥县域金融中介服务产业发展的活力与创新动力，选择点轴式、网络式县域经济空间结构模式，确保县域金融中介和财政支出的规模协同。一是县域金融中介重点服务以农业龙头企业为主体的农业产业化建设，服务乡镇企业、民营企业和科技型小微型企业（刘洛，2012）[342]，并且向县域第三产业倾斜，最大限度为农民提供本地非农业就业机会。财政支出通过设立基金和税收优惠，给予金融中介支持，发挥其杠杆效应，引导和撬动金融中介资金进入县域，增强县域金融机构的投放动力。二是县域金融中介通过县域基础设施和技改项目，提升投资水平，引导财政支出，协同提高固定资产投资效率，使资本积累成为促进经济发展的更有效的途径，促进第二、三产业和县域城镇化发展，加快转移农村劳动力，实现农民增收。三是县域金融中介培育战略性新兴产业，限制产能过剩的行业。财政支出通过奖励和风险补偿的方式，给予金融中介支持。四是县域金融中介将乡村振兴作为自身的发展战略，把信贷资金投向县域的特色产业、优势项目和农业产业化龙头，金融中介配套信贷资金，财政以参股和贴息的方式，给予县域金融中介支持。

金融中介为财政支出提供了拓展的渠道，财政支出通过金融中介的路径提高融资效率和资金周转效率，减轻县域财政压力，规避县域债务风险。金融中介与财政支出之间具有明显的互补和协同效应，通过有效耦合，能够构建二者的良性互动机制。

7.2.3 建立县域财政引导、金融跟进的协同机制

县域财政以间接调控和引导为主，应充分发挥金融中介的功能，让市场在资源配置上起决定性作用，选择极核式县域经济空间结构模式，确保县域金融中介和财政支出的结构协同。构建引导性的财政支持体系，引导社会资源的合理流动，推动县域传统产业转型升级。一是财政引导金融重点支持县域科技含量高、发展后劲足、牵引作用强的高端产业，特别是县域支柱产业、特色产业和重点培育产业，鼓励县域资本、技术和劳动力等资源持续流向高端产业，不断推进县域产业形态从低级向高级发展。二是

金融跟进财政支出保证县域公共卫生、医疗保健的投资等，建立县域医院、疗养院，购置各种医疗设备，培养各种层次的医务人员。延长县域劳动力的寿命、改善其健康状况，提高劳动者的健康水平，从而促进县域人力资本的积累。三是财政通过贷款担保的扶持激励机制，协同金融中介，支持传统农业的改造，发展现代高效农业，推进农业科技进步和机械化。支持农户与现代农业有机衔接，保证农产品生产规模化、标准化和专业化，实现生产现代化。同时，大力支持农产品的加工制造业，促进农业生产与农产品加工制造业的融合发展。四是金融中介推进县域产业互联网建设，财政支出通过奖励和风险补偿的方式，搭建县域电商平台，实现县域单品农业产业数字化发展。五是县域财政引导金融中介加大对县域教育、文化、培训产业的支持力度。金融中介创新金融工具，商业化投入信贷资金，财政给予税收优惠和适度补贴，广泛发展县域的教育、文化和培训机构，提高县域的劳动力素质，提升农民人力资本。促进县域技术创新和人力资本积累，有利于县域第三产业和高新技术产业的发展。

县域政府运用税收、贴息、投融资等财政支出政策调整县域的产业结构，这种调节直接作用于社会经济结构，增加县域有效供给。金融中介直接调节社会供需总量，但对于县域的经济结构调节是间接的。金融中介与财政支出作用的着力点不同，二者需要密切协同配合，共同促进县域社会经济整体稳健发展。

7.2.4　完善协同的激励约束机制

健全支持向县域经济倾斜的绩效考核和激励约束机制（刘洛，2016)[345]，形成县域信贷投放和财政支出综合考评体系。由政府、人民银行分支机构和地方银保监局组成评价委员会，将金融中介投放在县域的信贷的金额、行业和方向设定权重，并把县域财政支出的范围、方式、标准、额度纳入评价体系。突出金融中介与财政支出的规模、结构协同，并将其作为重要的 KPI 核心指标，动态掌握二者的协同程度，真正发挥金融、财政协同促进县域经济发展五个方面的作用。坚决遏制县域资金的外流，确保资金真正配置到县域经济效率较高的地方。对于异地贷款或变相将信贷资金挪出县域的情况，要对相关责任人和管理人员进行惩戒；对于财政支出绩效低下的问题，纳入问责范围，真正实现考核的硬约束。

7.2.5　营造良好的县域内外金融生态

县域内部金融生态（魏志华等）[346] 属于存在于金融中介自身环境的内部因素，其包括县域金融产品事业部、内部信贷授权体系、战略愿景和市场定位以及银行的理念、价值取向，它是影响金融中介直接和重要的因素。县域银行要完善内部治理体系和优化流程再造，营造良好的内部金融生态（刘洛，2012）[347]。外部金融生态属于县域金融中介以外的金融环境，其包括县域银行与县域宏观经济状况、经济政策取向、政府对县域经济的重视程度、县域企业和农户的发展状况和信用环境。它是间接的影响因素，这些影响因素共同构成了外部金融生态（谢德仁等，2009）[348]，外部金融生态间接影响金融中介县域信贷投放状况。政府重要的任务是构建良好的外部金融生态环境，为县域的金融中介投放提供宽松的环境。另外，应主动引导金融中介改善内部金融生态（刘洛等，2013）[349]，培育金融中介在县域精准投放的内生动力。通过建设绩效型政府，将金融中介与财政支出良性的协同机制纳入体系，更有效地推动县域经济社会实现可持续发展。

7.3　研究不足与展望

县域经济发展是一项长期的、复杂的并且艰巨的系统性工程。由于学识和篇幅的限制，本书仅从县域金融中介、财政支出视角进行了有限的探讨，在今后的研究中，还需要从以下几个方面进行深入研究。

7.3.1　模型没有体现配置效率

金融中介发展水平一般从两个方面进行考察，即规模和效率。金融中介规模具体指金融中介机构各项贷款占 GDP 的比重；而金融中介效率指标主要包括运营效率和配置效率两个方面。由于运营效率与经济发展的相关性不是十分紧密，所以一般实证研究只考虑金融中介对金融资源的配置效率。该指标衡量金融中介将从盈余部门动员的资金分配到最有效率的资金赤字部门，普遍采用非国有企业获得金融中介的短期贷款占 GDP 的比重。基于数据获取的原因及比较的客观性，本书采用金融中介规模反映县域资金配置在国民经济中的活跃程度。财政支出反映了政府干预社会经济的程度，其对经济发展的影响不仅表现在财政支出的规模上，也体现在财政支出的结构上。财政支出是国内生产总值的重要组成部分，其直接带动国民经济的发展。财政支出分为经济性支出和社会性支出两种，财政支出规模有助于完善经济运行的内外部环境，进而促进经济的不断增长。财政支出指标是财政预算支出与 GDP 比值，本书采用财政支出规模衡量县域财政政策资金配置水平。

县域金融中介配置效率反映了有效产业部门资金需求被金融中介满足的程度与效率。资金配置效率越高，有效产业部门得到的支持度越大，越能拉动经济的增长。财政支出的配置效率也体现在结构上，调整和控制财政支出的结构可以为社会提供更多数量、高质量的公共品，特别是维持对社会保障和福利的较高支出，使得县域的财政资金得到了较高的使用效率和社会回报率。本书的解释变量所采用的县域金融中介和财政支出的规模指标，对于县域金融中介和财政支出的配置效率还没有涉及，因此，本书拓展的模型还有待于进一步完善。下一步研究可以将县域金融中介和财政支出的配置效率纳入其中，与县域经济发展建立协同模型，检验是否存在非线性的转移特征。

7.3.2　样本的时间序列长度不足

由于县域经济数据的取得非常困难，本书采用 1999—2018 年县域金融中介、财政支出与县域经济发展的时间序列数据，对它们之间的相关关系进行研究。样本空间比较小，这是本书实证研究的不足。

从中国经济运行的实践来看，1992 年是金融财政发展的分水岭。1992 年以前，财政代替金融中介行使政府职能。从 1992 年开始，银行体系开始体制改革，按照市场化原则，进行商业化运作。本书选取 1999—2018 年的时间序列数据，数据量不大也是本书实证研究的不足。在今后的实证研究中，应该克服困难，进一步扩充数据来源，向前追溯到 1992 年，向后延续至 2020 年，30 年的数据完全可以覆盖金融财政改革前后。在样本足够长的平衡面板数据基础上，县域经济发展宏观政策在微观效应上可以发现新的规律。可能金融中介、财政支出对经济增长存在"双门槛"或"三门槛"协同效应，即过高或者过低的金融、财政协同水平都会抑制经济发展，而只有当金融、财政处于合理协同区间时，才能最大限度地促进县域经济持续稳定的发展。

7.3.3 模型可能存在中介效应

在一个中介效应模型中，自变量对因变量的影响可能是通过一个或几个中介变量来实现的。本书研究县域金融中介、财政支出对县域经济发展的直接效应，由于县域经济发展包含五个方面，即县域经济增长、县域产业结构升级、县域城镇化进程、县域农民人均纯收入增长和县域人力资本提升，五个方面中的一个或几个因素均可作为中介变量对其他因素产生作用。基于县域金融中介、财政支出的县域经济发展中介效应模型，可能是简单中介模型、多重中介效应模型或是链式中介效应模型。在下一步的研究中，可以更加深入地提出各种中介效应的假设，采用中介效应模型对县域金融中介、财政支出支持县域经济发展进行实证研究。

参考文献

[1] 速水佑次郎，弗农拉坦. 农业发展：国际前景 [M]. 吴伟东，译. 北京：商务印书馆，2014.

[2] 何钟秀. 论国内技术的梯度转递 [J]. 科研管理，1983（1）：18-21.

[3] 夏禹龙，魏瑚，仇金泉. 科研体系初探 [J]. 科学学与科学技术管理，1980（1）：12-19.

[4] 王缉慈. 工业经济与企业地理 [J]. 国际学术动态，1994（4）：8-10.

[5] 张可云. 区域经济政策 [M]. 北京：中国轻工业出版社，2001：23-25.

[6] 厉以宁. 区域发展新思路：中国社会发展不平衡对现代化进程的影响与对策 [M]. 北京：经济日报出版社，2000.

[7] 史晋川，卓勇良，谢瑞平. 如何推进江浙沪区域一体化 [J]. 经贸实践，2003（5）：60-60.

[8] 厉以宁. 经济起飞须尽快培育三个增长点 [J]. 经济研究参考，1999（35）：14-15.

[9] 张敦富. 一部研究中国区域经济发展的力作——评《走向 21 世纪的中国区域经济》[J]. 地理学报，1999（4）：97-98.

[10] 李具恒.FDI 的区位选择与中国区域经济发展：兼论中国西部地区的对策选择 [J]. 中国软科学，2004（6）：112-117.

[11] 冯之浚. 开发西部以人为本 [J]. 科学学研究，2002（1）：1-4.

[12] 程必定. 区域的外部性内部化和内部性外部化——缩小我国区域经济发展差距的一种思路 [J]. 经济研究，1995（7）：63-68.

[13] 郝寿义，倪鹏飞. 中国城市竞争力研究：以若干城市为案例 [J]. 经济科学，1998，20（3）：50-56.

[14] 高洪深. 新区域经济观：理论视野与实践案例 [J]. 西安外事学

院学报，2006，2（1）：6-13.

[15] 周叔莲，朱嘉明．经济对策研究的一个成功尝试——评孙尚清主编的《论经济结构对策》[J]．经济研究，1985（2）：72-76.

[16] 李泊溪，侯永志．中华经济协作系统的发展展望 [J]．经济研究参考，1994（37）：13-26.

[17] 房维中．总结经验教训加快转变增长方式　完善社会主义市场经济体制 [J]．中国经贸导刊，2009（15）：5-7.

[18] 陆大道．区位论及区域研究方法 [M]．北京：科学出版社，1988：130-131.

[19] 杨开忠．区域产业政策理论的系统研究 [J]．管理世界，1989（5）：32-47.

[20] 刘树成．论中国经济周期波动的新阶段 [J]．经济研究，1996（11）：3-10.

[21] 胡鞍钢．地区差距的国际比较及国际经验 [J]．经济研究参考，1996（ZD）：56-64.

[22] 张培刚．农业与工业化（上卷）·农业国工业化问题初探 [M]．武汉：华中科技大学出版社，2002：4-6.

[23] 王至元，曾新群．论中国工业布局的区位开发战略——兼评梯度理论 [J]．经济研究，1988（1）：66-74.

[24] 张秀生，陈慧女．我国经济增长过程中扩大农村消费需求分析 [J]．湖北社会科学，2009（6）：96-98.

[25] 亚当·斯密．国民财富的性质和原因的研究（下卷）[M]．郭大力，王亚南，译．北京：商务印书馆，1974：384-423.

[26] 胡福明．中国县域经济学 [M]．南京：江苏人民出版社，1987：34.

[27] 伍新木．县域经济概论 [M]．北京：中共中央党校出版社，1988.

[28] 伍新木．开发区的理论与实践 [J]．经济评论，1995（5）：1-9.

[29] 王怀岳．中国县域经济发展实论 [M]．北京：人民出版社，2001：259-290.

[30] 厉以宁．以共同富裕为目标，扩大中等收入者比重，提高低入者收入水平 [J]．经济研究，2002（12）：6-8.

[31] 陆立军．科技型中小企业与区域产业竞争力：基于1162家科技型中小企业问卷调查及案例分析 [M]．北京：中国经济出版社，2002.

［32］段培君．关于发展县域经济的着力点［J］．理论与实践，2003（3）：27-29.

［33］廖良才，谭跃进，陈英武，戴绍利．点轴网面区域经济发展与开发模式及其应用［J］．中国软科学，2000（10）：80-82.

［34］王盛章．中国县域经济及其发展战略［M］．北京：中国物价出版社，2002.

［35］王青云．县域经济发展的理论与实践［M］．北京：商务印书馆，2003.

［36］闫天池．中国贫困地区县域经济发展研究［M］．大连：东北财经大学出版社，2004：40.

［37］王彦武．发展县域经济的分析与思考［J］．江汉论坛，2004（8）：36-39.

［38］孟庆红．区域特色产业的选择与培育——基于区域优势的理论分析与政策路径［J］．经济问题探索，2003（9）35-39.

［39］刘再兴．九十年代中国生产力布局与区域的协调发展［J］．江汉论坛，1993（2）：20-25.

［40］王缉慈．中国新工业区的形成——开发区现象见解［J］．地理科学进展，1994，13（4）：18-21.

［41］贺耀敏．集群式经济：我国县域经济发展的新思路——兼论我国县域经济发展的几个认识误区［J］．西北大学学报：哲学社会科学版，2004（1）：154-157.

［42］托达罗．第三世界的经济发展［M］．北京：中国人民大学出版社，1988：152-153.

［43］谭崇台，周军．发展经济学中市场经济形成理论述评［J］．经济学动态，2003（4）：71-74.

［44］郭熙保．社会资本理论的兴起：发展经济学研究的一个新思路［J］．江西社会科学，2006（12）：8-14.

［45］乔恒．县域经济科学发展机理及路径研究［D］．长春：东北师范大学，2007.

［46］陈锡文．试析新阶段的农业、农村和农民问题［J］．宏观经济研究，2001（11）：13-20

［47］林毅夫，刘培林．经济发展战略与公平、效率的关系［J］．管理评论，2002（8）：8-12.

［48］陆铭，陈钊，严冀．收益递增、发展战略与区域经济的分割［J］．经济研究，2004（1）：54-63．

［49］郭玮．城乡差距扩大的表现、原因与政策调整［J］．经济研究参考，2002（85）：29-33．

［50］屠西伟，廖信林．安徽省新型城镇化对经济增长影响的研究［J］．山西师范大学学报（自然科学版），2017（4）：106-110．

［51］王德文，蔡昉．农民收入与宏观经济政策［J］．经济研究参考，2003（79）：10-11．

［52］简新华，黄锟．中国城镇化水平和速度的实证分析和前景预测［J］．经济研究，2010，（3）：28-39．

［53］杨志海．县域城镇化能缩小城乡收入差距吗？——基于1523个县（市）面板数据的实证检验［J］．华中农业大学学报（社会科学版），2013（4）：42-48．

［54］刘伟，鞠美庭，李智，等．区域（城市）环境——经济系统能流分析研究［J］．中国人口·资源与环境，2008，18（5）：59-63．

［55］黄茂兴，李军军．技术选择、产业结构升级与经济增长［J］．经济研究，2009（7）：143-151．

［56］张毅．中国县域经济差异变化分析［J］．中国农村经济，2010，000（11）：15-25．

［57］干春晖，郑若谷．改革开放以来产业结构演进与生产率增长研究——对中国1978—2007年"结构红利假"的检验［J］．中国工业经济，2009（2）：55-65．

［58］代谦，别朝霞．FDI、人力资本积累与经济增长［J］．经济研究，2006（4）：15-27．

［59］刘汉辉．经济增长、人力资本增值与人力资本的终身开发［J］．宏观经济研究，2009（2）：54-59．

［60］李宝元．人力资本国际流动力与中国人才外流危机［J］．财经问题研究，2009（5）：106-111．

［61］孙敬水，董亚娟．人力资本与农业经济增长：基于中国农村的Panel data模型分析［J］．农业经济问题，2006（12）：12-16．

［62］国家统计局课题组．和谐社会统计监测指标体系研究［J］．统计研究，2006（5）：23-29．

［63］毛汉英．西北地区可持续发展的问题与对策［J］．地理研究，

1997，16（3）：12-22.

[64] 张培刚．新型发展经济学的由来和展望——关于我的《发展经济学通论》[J]．经济研究，1991（7）：21-27.

[65] 孟庆红．区域特色产业的选择与培育——基于区域优势的理论分析与政策路径 [J]．经济问题探索，2003（9）：35-39.

[66] 威廉·配第．赋税论、献给英明人士和货币略论 [M]．北京：商务印书馆，1978：36-44.

[67] 潘士远，史晋川．内生经济增长理论：一本文献综述 [J]．经济学（季刊），2002，1（4）：753-786.

[68] 林毅夫，张鹏飞．后发优势、技术引进和落后国家的经济增长 [J]．经济学（季刊），2005（4）：53-74.

[69] 肖兴志，吴绪亮．产业组织理论研究的新领域、新问题与新方法——2012年产业组织前沿问题研讨会综述 [J]．经济研究，2012（8）：147-152.

[70] 刘伟，蔡志洲．我国工业化进程中产业结构升级与新常态下的经济增长 [J]．北京大学学报（哲学社会科学版），2015（3）：5-19.

[71] 郭浩淼，王鑫．新常态下我国产业结构转型与升级研究 [J]．商业经济研究，2019（1）：183-186.

[72] 贾仓仓，陈绍友．新常态下技术创新对产业结构转型升级的影响——基于2011—2015年省际面板数据的实证检验 [J]．科技管理研究，2018，38（15）：26-31.

[73] 陈锡文．"十五"期间农业、农村发展思路和政策建议 [J]．管理世界，2001b（1）：138-144.

[74] 林毅夫．解决农村贫困问题需要有新的战略思路——评世界银行新的"惠及贫困人口的农村发展战略" [J]．北京大学学报（哲学社会科学版），2002b（5）：5-8.

[75] 王家庭，张容．基于三阶段DEA模型的中国31省市文化产业效率研究 [J]．中国软科学，2009（9）：80-87.

[76] 张军涛，张英杰．县域城镇化能否缩小城乡居民收入差距？——来自山东省临沂市9个县的证据 [J]．产业经济评论（山东大学），2016（1）：81-97.

[77] 赵永平．中国新型城镇化的经济效应：理论、实证与对策 [D]．南京：东南大学，2015：155-156.

[78] 洪银兴. 西部大开发和区域经济协调方式 [J]. 管理世界, 2002 (3): 3-8.

[79] 胡鞍钢. 从人口大国到人力资本大国: 1980-2000 年 [J]. 中国人口科学, 2002 (5): 1-10.

[80] 沈坤荣. 人力资本积累与经济持续增长 [J]. 生产力研究, 1997 (2): 18-20.

[81] 赵炳起. 关于农村人力资源开发的理论考察 [J]. 农业经济, 2006 (9): 68-70.

[82] 张车伟. 失业率定义的国际比较及中国城镇失业率 [J]. 世界经济, 2003 (5): 47-54.

[83] 李谷成, 冯中朝, 范丽霞. 教育、健康与农民收入增长——来自转型期湖北省农村的证据 [J]. 中国农村经济, 2006 (1): 68-76.

[84] 刘洛, 陈树文. 微小企业贷款客户经理工作绩效模型研究 [J]. 中共中央党校学报, 2011 (1): 45-47.

[85] 蔡昉. 中国的人口红利还能持续多久? [J]. 经济学动态, 2011 (6): 3-7.

[86] 谈儒勇. 中国金融发展和经济增长关系的实证研究 [J]. 经济研究, 1999 (10): 53-61.

[87] 周立, 王子明. 中国各地区金融发展与经济增长实证分析: 1978—2000 [J]. 金融研究, 2002 (10): 1-13.

[88] 王志强, 孙刚. 中国金融发展规模、结构、效率与经济增长关系的经验分析 [J]. 管理世界, 2003 (7): 20-27.

[89] 张军, 金煜. 中国的金融深化和生产率关系的再检测: 1987—2001 [J]. 经济研究, 2005 (11): 34-45.

[90] 沈明高, 沈艳, 何茵. 转型过程中金融发展和开放的作用: 来自中国的经验 [J]. 金融研究, 2008, (11): 17-31.

[91] 武志. 金融发展与经济增长: 来自中国的经验分析 [J]. 金融研究, 2010, (5): 58-68.

[92] 马栓友. 政府规模与经济增长: 兼论中国财政的最优规模 [J]. 世界经济, 2000 (11): 59-64.

[93] 马树才, 孙长清. 经济增长与最优财政支出规模研究 [J]. 统计研究, 2005 (1): 15-20.

[94] 张明喜, 陈志勇. 促进我国经济增长的最优财政支出规模研究

[J]. 财贸经济，2005（10）：41-45.

[95] 计志英. 基于内生经济增长理论的中国地方政府最优规模估计 [J]. 南方经济，2006（7）：46-53.

[96] 李华，孙长清. 多级政府级次下的经济增长与财政支出规模优化研究 [J]. 财经问题研究，2007（5）：18-21.

[97] 张治觉，吴定玉. 我国政府支出对居民消费产生引致还是挤出效应——基于可变参数模型的分析 [J]. 数量经济技术经济研究，2007（5）：53-61.

[98] 杨友，赖敏晖. 我国政府最优财政支出规模——基于门槛回归的分析 [J]. 经济科学，2009（2）：34-44.

[99] 李村璞，赵守国，何静. 我国的政府规模与经济增长：1979-2008——基于非线性 STR 模型的实证分析 [J]. 经济科学，2010（4）：15-26.

[100] 郭庆旺，吕冰洋，张德勇. 财政支出结构与经济增长 [J]. 经济理论与经济管理，2003（11）：5-12.

[101] 廖楚晖. 中国人力资本和物质资本的结构及政府教育投入 [J]. 中国社会科学，2006（1）：23-23.

[102] 陈峰. 论产业结构调整中金融的作用 [J]. 金融研究，1996（11）：23-27.

[103] 陈时兴. 中国产业结构升级与金融发展关系的实证研究 [J]. 中国软科学，2011（S2）：72-78.

[104] 易信，刘凤良. 金融发展、技术创新与产业结构转型——多部门内生增长理论分析框架 [J]. 管理世界，2015（10）：24-39.

[105] 王昱，夏君诺，刘思钰. 产融结合与研发投资的非线性关系及异质性影响 [J]. 财经科学，2019（6）：42-56.

[106] 盛丹，王永进. 产业集聚、信贷资源配置效率与企业的融资成本——来自世界银行调查数据和中国工业企业数据的证据 [J]. 管理世界，2013（6）：85-98.

[107] 曾国平，王燕飞. 中国金融发展与产业结构变迁 [J]. 财贸经济，2007（8）：12-19.

[108] 王勋，Anders Johansson. 金融抑制与经济结构转型 [J]. 经济研究，2013（1）：54-67.

[109] 石奇，孔群喜. 动态效率、生产性公共支出与结构效应 [J]. 经

济研究，2012（1）：92-104.

[110] 张同斌，高铁梅. 财税政策激励、高新技术产业发展与产业结构调整 [J]. 经济研究，2012（5）：58-70.

[111] 郭长林. 财政政策扩张、纵向产业结构与中国产能利用率 [J]. 管理世界，2016（10）：13-33.

[112] 储德银，建克成. 财政政策与产业结构调整——基于总量与结构效应双重视角的实证分析 [J]. 经济学家，2014（2）：80-91.

[113] 张宗益，许丽英. 金融发展与城市化进程 [J]. 中国软科学，2006（10）：112-120.

[114] 熊湘辉，徐璋勇. 中国新型城镇化进程中的金融支持影响研究 [J]. 数量经济技术经济研究，2015（6）：73-89.

[115] 王弓，叶蜀君. 金融集聚对新型城镇化影响的理论与实证研究 [J]. 管理世界，2016（1）：174-175.

[116] 王家庭，贾晨蕊. 我国城市化与区域经济增长差异的空间计量研究 [J]. 经济科学，2009，31（3）：94-102.

[117] 踪家峰，胡艳，周亮. 转移支付能提升产业集聚水平吗？[J]. 数量经济技术经济研究，2012（7）：18-32.

[118] 彭旭辉，彭代彦. 中国城镇化发展的变结构协整分析：财政分权视角 [J]. 武汉大学学报（哲学社会科学版），2017（1）：50-61.

[119] 王艺明，蔡翔. 财政支出结构与城乡收入差距——基于东、中、西部地区省级面板数据的经验分析 [J]. 财经科学，2010（8）：49-57.

[120] 宋旭，李冀. 地方财政能力与城镇化质量关系的实证研究——基于地级及以上城市数据 [J]. 财政研究，2015（11）：70-74.

[121] 郭庆旺，贾俊雪. 公共教育政策、经济增长与人力资本溢价 [J]. 经济研究，2009（10）：22-35.

[122] 陆铭，陈钊. 从分割到融合：城乡经济增长与社会和谐的政治经济学 [J]. 经济研究，2008（1）：21-32.

[123] 姚耀军. 金融发展与城乡收入差距关系的经验分析 [J]. 财经研究，2005（2）：49-59.

[124] 尹希果，陈刚和程世骄. 中国金融发展与城乡收入差距关系的再检验：基于面板单位根和 VAR 模型的估计 [J]. 当代经济科学，2007（1）：15-24.

[125] 胡宗义，刘亦文. 金融非均衡发展与城乡收入差距的库茨涅茨效

应研究：基于中国县域截面数据的实证分析统计研究 [J]. 统计研究，2005 (5)：25-31.

[126] 温涛，冉光和，熊德平. 中国金融发展与农民收入增长 [J]. 经济研究，2005 (9)：30-43.

[127] 余新平，熊晶白，熊德平. 中国农村金融发展与农民收入增长 [J]. 中国农村经济，2010 (6)：111-118.

[128] 王虎，范从来. 金融发展与农民收入影响机制的研究：来自中国 1980—2004 年的经验数据 [J]. 经济科学，2006 (6)：11-21.

[129] 谢玉梅，徐玮. 农村金融发展对我国农民收入增长影响实证研究：基于 2006-2011 年的经验数据 [J]. 湖南大学学报（社会科学版），2016 (5)：89-94.

[130] 许崇正，高希武. 农村金融对增加农民收入支持状况的实证分析 [J]. 金融研究，2005 (4)：24-30.

[131] 冉光和，李敬，万丽娟，温涛. 经济转轨时期财政政策对农民收入增长的影响 [J]. 重庆大学学报，2005 (8)：145-148.

[132] 沈坤荣，张璟. 中国农村公共支出及其绩效分析：基于农民收入增长和城乡收入距的经验研究 [J]. 管理世界，2007 (1)：30-40.

[133] 王德祥，李建军. 新农村建设、财政支出与农民收入增长：基于贵州省遵义市 12 个县的实证分析 [J]. 农业经济问题，2009 (12)：42-47.

[134] 杨林娟，戴亨钊. 甘肃省财政支农支出与农民收入增长关系研究 [J]. 农业经济问题，2008 (3)：99-102.

[135] 王敏，潘勇辉. 财政农业投入与农民纯收入关系研究 [J]. 农村经济问题，2008 (5)：99-112.

[136] 罗东，矫健. 国家财政支农资金对农民收入影响实证研究 [J]. 农业经济问题，2014 (12)：8-3.

[137] 侯石安. 中国财政农业投入的目标选择与政策优化 [J]. 农业经济问题，2004 (3)：40-43.

[138] 李琴，熊启泉，李大胜. 中国财政农业投入的结构分析 [J]. 农业经济导刊，2007 (12)：10-16.

[139] 崔元锋等. 基于 DEA 的财政农业支出资金绩效评价 [J]. 农业经济问题，2006 (9)：30-35.

[140] 李燕凌，欧阳万福. 县乡政府财政支农支出效率的实证分析 [J]. 经济研究，2011 (10)：110-149.

［141］肖育才，姜晓萍．财政支农支出对城乡收入差距影响的实证研究［J］．经济问题探索，2017（11）：35-45．

［142］王永中，高凌云．金融发展与内生经济增长理论评述：人力资本积累视角［J］．首都经贸大学学报，2007（3）：98-103．

［143］高凌云，王永中．R&D 溢出渠道、异质性反应与生产率：基于178 个国家面板数据的经验研究［J］．世界经济，2008（2）：65-73．

［144］蒋先玲，王琰．金融发展对 FDI 溢出效应的影响——基于人力资本流动视角的分析［J］．财贸经济，2011（5）：65-70．

［145］安体富，郭庆旺．内生增长理论与财政政策［J］．财贸经济，1998（11）：25-32．

［146］才国伟，刘剑雄．收入风险、融资约束与人力资本积累——公共教育投资的作用［J］．经济研究，2014（7）：67-80．

［147］陈钊，徐彤．走向"为和谐而竞争"：晋升锦标赛下的中央和地方治理模式变迁［J］．世界经济，2011，34（9）：3-18．

［148］郭熙保，苏甫．速水佑次郎对农业与发展经济学的贡献［J］．经济学动态，2013（3）：101-108．

［149］施建淮，朱海婷．中国城市居民预防性储蓄及预防性动机强度：1999-2003［J］．经济研究，2004（10）：66-74．

［150］蔡昉，王德文．中国经济增长可持续性与劳动贡献［J］．经济研究，2000（10）：62-68．

［151］刘洛，陈树文．科技型小微企业贷款客户经理工作绩效结构模型的检验［J］．科学管理研究，2012，30（2）：75-79．

［152］刘洛．小微贷款客户经理工作绩效系统性研究［M］．北京：中国金融出版社，2016：87-94．

［153］魏志华，曾爱民，李博．金融生态环境与企业融资约束——基于中国上市公司的实证研究［J］．会计研究，2014（5）：73-80．

［154］刘洛．基于小微贷款客户经理工作绩效的金融内环境结构模型研究［J］．中国人力资源开发，2012（9）：100-105．

［155］谢德仁，陈运森．金融生态环境、产权性质与负债的治理效应［J］．经济研究，2009（5）：118-129．

［156］刘洛，陈树文．小微企业贷款客户经理工作绩效与相关变量关系的实证研究［J］．当代经济管理，2013，35（3）：82-92．

［157］Allan G B Fisher. Economic Implications of Material Progress

[J]. Intl Lab. Rev, 1935 (5).

[158] Clark C. Front Matter-The Value of Agricultural Land [J]. Journal of Agricultural Economics, 1969, 20 (1): 1–23.

[159] Edgar M. Hoover, Joseph L. Fisher. Research in Regional Economic Growth [J]. NBER Chapters, in: Problems in the Study of Economic Growth, 1949: 173–250.

[160] Rostow W W. The Five Stages of Growth-A Summary [J]. Cambridge University Press, 1960.

[161] Bockc J. H. Economics and Economic Policy of Dual Societies, As Exemplified by Indonesia [M]. New York: Institute of Pacific Relations, 1953: 324.

[162] The Sequoyah Constitutional Convention. By Amos D. Maxwell [J]. Journal of American History, 1954, 41 (2): 349–350.

[163] Fei J, Ranis G. Technological Transfer, Employment and Development [J]. Economic Development and Planning, 1974: 75–103.

[164] Schultz T W. Changing Relevance of Agricultural Economics [J]. Journal of Farm Economics, 1964a, 46 (5): 1004–1014.

[165] Rosenstein and Rodan P N. Problems of Industriali zation of Eastern and South Eastern Europe, Economic Journal, 1943 (53): 202–211.

[166] Nurkse R. Problems of Capital Formation in Underdeveloped Countries [J]. The Economic Journal, 1953 (63): 252.

[167] Leibenstein H. The Theory of Underemployment in Backward Economies [J]. Journal of Political Economy, 1957, 65 (2): 91–103.

[168] Myrdal G. Economic theory and underdeveloped regions [M]. London: Duckworth, 1957.

[169] Hirschman A O. The Strategy of Economic Development [J]. Ekonomisk Tidskrift, 1958 (61): 2.

[170] Kuznets S. Economic Growth and Income Inequality [J]. American Economic Review, 1955, 45 (1): 18–19.

[171] Williamson J G. Migration to the New World: Long term Influences and Impact [J]. Explorations in Economic History, 1974, 11 (4): 357–389.

[172] Prebisch R. Growth, disequilibrium and disparities: interpretation of the process of economic development [J]. Journal of Cellular Physiology, 1949.

[173] Friedmann J. Regional Development Policy: A Case Study of Venezuela [M]. Cambridge, Mass. and London: MIT Press, 1966.

[174] Perroux F. The Propellent effects of Industry on Agriculture: their Economic, Social and Cultural Aspects for Integrated Human Oriented Development [J]. Mondes En Developpement, 1980: 225-563.

[175] Haegerstrand T. Aspekte der raeumlichen struktur von sozialen kommunikationsnetzen under Informationsausbreitung, Kiepenheuer [M]. Witsch, Berlin, 1970: 368-379.

[176] Ruttan V W. Agricultural policy in an Affluent society [J]. Journal of Farm Economics, 1966, 48 (5): 1100-1120.

[177] Thompson W R. Revitalizing the Industrial City, Cities in Transition [J]. Annals of the American Academy of Political and Social Science, 1986 (488): 18-34.

[178] Becattini G. Del distrito industrial marshalliano a la teoría del distrito》 contemporánea. Una breve reconstrucción crítica [J]. Investigaciones Regionales, 2002: 9-32.

[179] Park J H. Zoogeographical distribution of marine hydroids (Cnidaria: Hydrozoa: Hydroida) in Korea [J]. Animal Systematics Evolution & Diversity, 1992, 8: 279-299.

[180] Hayward G. High technology industry and innovative environments: The European experience [J]. Technovation, 1988a, 11 (2): 122-123.

[181] Hayward G. Product innovation management: A workbook for management in industry [J]. Technovation, 1988b, 8 (4): 324-324.

[182] Maillat D. Space and economics in retrospect, From the industrial district to the innovative milieu: Contribution to an analysis of territorialised productive organisations [J]. Recherches Économiques De Louvain, 1998, 64 (1): 111-129.

[183] Krugman P R. Is Fiscal Policy Poised for a Comeback? [J]. Social Science Electronic Publishing, 2005, 21 (4): 515-523.

[184] Porter M E. Clusters and the New Economics of Competition [J]. Harvard business review, 1998: 77-90.

[185] Ricardo D. Des machines (1821) [J]. Revue Française D Économie, 1989, 4 (3): 129-141.

［186］Marshall J. The Mode of Observing the Phenomena of Earthquakes ［J］. Nature, 1890, 42 (1087): 414-415.

［187］Solow R M. Technical Change and the Aggregate Production Function ［J］. Review of Economics and Statistics, 1957 (39): 316-320.

［188］Uzawa H. Optimum Technical Change in an Aggregative Model of Economic Growth ［J］. International Economic Review, 1965 (6): 18-31.

［189］Lucas R J. On the mechanics of economic development ［J］. Journal of Monetary Economics, 1988a, 22 (1): 3-42.

［190］Romer P M. Capital, Labor, and Productivity ［J］. Brookings Papers on Economic Activity Microeconomics, 1990 (22): 337-367.

［191］Barro R J. Economic Growth in A Cross–Section of Countries ［J］. Quarterly Journal of Economics, 1991, 106 (4): 407-443.

［192］Cashin W E. Student Ratings of Teaching: The Research Revisited ［J］. Kansas State University Center for, 1995.

［193］Tanzi V, Zee H H. Taxation and the Household Saving Rate: Evidence from OECD Countries ［C］. Dc: International Monetary Fund. 1998.

［194］North, Douglass C. Institutions, Institutional Change and Economic Performance: Preface ［J］. 1990, 10. 1017/CBO9780511808678 (13): 118-130.

［195］Acemoglu D and Robinson J A. Economic Backwardness in Political Perspective ［R］. American Political Science Review, Cambridge University Press, 2006, 100 (1): 115-131.

［196］Acemoglu D, Johnson S, Robinson J A. Reversal of Fortune: Geography and Institutions in the Making of the Modern World Income Distribution ［J］. The Quarterly Journal of Economics, MIT Press, 2002, 117 (4): 1231-1294.

［197］Assane D D, Grammy A. Institutional framework and economic development: International evidence ［J］. Applied Economics, 2003, 35 (17): 1811-1817.

［198］Gwartney J D, Holcombe R G, Lawson R A. Institutions and the Impact of Investment on Growth ［J］. Kyklos, 2010, 59 (2): 255-273.

［199］Reynolds L G. Image and Reality in Economic Development ［J］. Yale University Press, 1977: 4-5.

［200］Gill I, Kharas H, Bhattasali D, Brahmbhatt M, Vostroknutova

E. An East Asian Renaissance: Ideas for Economic Growth [J]. World Bank Publications, 2007, 22 (2): 57-59.

[201] Bruce Herrick and Kindleberger Writed C. Economic Development. 4thed [M]. New York: McGraw-Hill Book Company, 1983: 21-22. .

[202] Lucas A, Morley R, Cole T J. Adverse neurdevelopmental outcome of moderate neonatal hypoglycaemia [J]. BMJ Clinical Research, 1988b, 297 (6659): 1304-1308. ·

[203] Inkeles A, Smith D H. Becoming Modern, Individual Change in Six Developing Countries [J]. Harvard University Press, 1974.

[204] Bencivenga V R, Smith B D. Some Consequences of Credit Rationing in an Endogenous Growth Model [J]. Journal of Economic Dynamics and Control, 1993, 17 (1-2): 97-122.

[205] Harrison P, Sussman O, Zeira J. Finance and Growth: Theory and New Evidence [J]. Finance and Economics Discussion Series, 1999, 1999 (35): 1-37.

[206] Fuente ADL, Marin J M. Innovation, Bank Monitoring, and Endogenous Financial Development [J]. Journal of Monetary Economics, 1995, 38 (2): 269-301.

[207] Khan M S, Senhadji A S. Financial Development and Economic Growth; An Overview [J]. IMF Working Papers, 2000 (209): 413-433.

[208] Greenwood J and Jovanovic B. Financial Development, Growth, and the Distribution of Income, Journal ofPolitical Economy, 1990, 98 (5): 1076-1107.

[209] King, Robert G. , and Levine, Ross. Finance and Growth: Schumpeter Might Be Right, Quarterly Journal of Economics, 1993 (108): 717-37.

[210] Bencivenga V R, Smith B D, Starr R M. Transactions Costs, Technological Choice and Endogenous Growth [J]. Journal of Economic Theory, 1995, 67 (1): 153-177.

[211] Diamond D W, Dybvig P H. Bank Runs, Deposit Insurance, and Liquidity [J]. Quarterly Review, 2000 (24): 14-23.

[212] Bencivenga V R, Smith B D. Financial Intermediation and Endogenous Growth [J]. Review of Economic Studies, 1991 (2): 195-209.

[213] Goldsmith, R W. Financial Structure and Development [J]. NewHaven: Yale University Press. 1969: 195-213.

[214] King, RobertG, Ross Leving. Financial lntermediation and Economic Development. Capital Market and Finan-cial lntermediation [J]. Edited by C. Mayer and X. Vives, Nives, New York: Cambridge University Press, 1993b: 156-196.

[215] Levine R. et al. Financial Intermediation and Growth: Causality and Causes [J]. Journal of Monetary Economics, 2000 (46): 31-77.

[216] Loayza N V, Ranciere R. Financial Development, Financial Fragility, and Growth [J]. Journal of Money, Credit and Banking, 2006, 38 (4): 1051-1076.

[217] Rousseau P L, Wachtel P. Economic Growth and Financial Depth: Is the Relationship Extinct Already? [J]. SSRN Electronic Journal, 2005.

[218] Rioja F, Valev N. Finance and the Sources of Growth at Various Stages of Economic Development [J]. Economic Inquiry, 2004, 42 (1): 127-140.

[219] Philippe A, Peter H, David M F. The Effect of Financial Development on Convergence: Theory and Evidence [J]. Quaterly Journal of Economics, 2005, 120 (1): 173-222.

[220] Demetriades P, Hussein K. Does Financial Development Cause Economic Growth? Time Series Evidence from 16 Countries [J]. Journal of Development Economics, 1996 (51): 387-411.

[221] Rousseau P L, Wachtel Paul. Inflation thresholds and the finance - growth nexus [J]. Journal of International Money and Finance, 2002, 21 (6): 777-793.

[222] Luintel K B, Khan M. A quantitative reassessment of the finance-growth nexus: evidence from a multivariate VAR [J]. Journal of Development Economics, 1999, 60 (2): 381-405.

[223] Rajan R G, Zingales L. Financial Dependence and Growth [J]. The American Economic Reviev, 1998, 88 (3): 559-586.

[224] Asli Demirgüc - Kunt, Maksimovic V. Law, Finance, and Firm Growth [J]. The Journal of Finance, 1998, 53 (6): 2107-2137.

[225] Beck T, A Demirgüc-Kunt, Maksimovic V. Financing patterns a-

round the world: Are small firms different? [J]. Journal of Financial Economics, 2008, 89 (3): 467-487.

[226] Barro R. Government spending in a simple model of endogenous growth [J]. Journal of Political Economy, 1990, 98 (s5): 103-125.

[227] Arrow K. , Kurz M. Public Investment, the Rate of Return and Optimal Fiscal Policy [M]. Baltimore: Johns Hopkins University Press, 1970.

[228] Ram R. Government size and economic growth: A new framework and some evidence from cross-section and time-series data [J]. American Economic Review, 1986, 76 (1): 191-203.

[229] Kormendi R C, Meguire P. Government Debt, Government Spending and Private Sector Behavior: Reply [J]. American Economic Review, 1986, 76 (5): 1180 - 1187.

[230] Grossman P J. Government and Growth: Cross-Sectional Evidence [J]. Public Choice, 1990, 65 (3): 217-227.

[231] Landau D. Government Expenditure and Economic Growth: A Cross - country Study [J]. Southern Economic Journal, 1983, 49 (3): 783-792.

[232] Grier K B, Tullock G. An empirical analysis of cross-national economic growth, 1951 - 1980 [J]. Journal of Monetary Economics, 1989, 24 (2): 259-276.

[233] Karras G. Government Spending and Private Consumption: Some International Evi - dence [J]. Journal of Money, Credit and Banking, 1994 (26): 9-22.

[234] Richard K. Vedder and Lowell E. Gallaway. Government size and economic growth [J]. Washington, D. C: Joint Economic Committee. Dec. 1998.

[235] Sheehey E. The Effect of Government Size on Economic Growth [J]. Eastern Economic, 1993, 19 (3): 321-328.

[236] Armey R. The freedom revolution [M]. Washington, D C: Rognery Publishing Co, 1995.

[237] Feldman M P, Kelley M R. The ex ante assessment of knowledge spillovers: Government R&D policy, economic incentives and private firm behavior [J]. Research Policy, 2006, 35 (10): 1509-1521.

[238] Chen S, Lee C. Government size and economic growth in Taiwan:

A threshold regres-sion approach [J]. Journal of Policy Modeling, 2005 (27): 1051-1066.

[239] Clark C. The conditions of Economic Progress [M]. London: Macmillan, 1940.

[240] Kuznets S. National Income and Industrial Structure [J]. Econometrica: Journal of the Econometric Society, 1949: 205-241 .

[241] Bagehot W. Lombard Street: A Description of Money Market [M]. London: HS King, 1873.

[242] Schumpeter A. The Theory of Economic Deveopment: An Inquiry into profits, Capital, credit, Interest, and the Business Cycle [M]. Transaction Publishers Press, 1934: 105-111.

[243] Amore M D, Schneider C, Zaldokas A. Credit supply and corporate innovation [J]. Journal of Financial Economics, 2013, 109 (3): 835-855.

[244] Chava S, Oettl A, Subramanian A, et al. Banking deregulation and innovation [J]. Journal of Financial Economics, 2013, 109 (3): 759-774.

[245] Tadesse S. Financial development and technology [D] . Michigan: Stephen M. Ross School of Business, University of Michigan, 2007.

[246] Sasidharan S, Lukose J, Komera S. Financing constraints and investments in R&D: evidence from Indian manufacturing firms [J]. The Quarterly Review of Economics and Finance. 2014, 121 (6): 127-139.

[247] Fisman R, Love I. Trade credit, financial intermediary development, and industry growth [J]. The Journal of Finance, 2003, 58 (1): 353-374.

[248] Michalopoulos S, Laeven L, Levine R. Financial Innovation and Enogenous Growth [R]. NBER Working Paper, 2013: 153-156.

[249] Nelson R R, Pack H. The Asian miracle and modern growth theory [J]. Economic Journal, 109 (457): 416-436.

[250] Sasaki H, Ueyama S. China's Industrial Structure and its Changes in Recent Years: An Analysis of the 1997-2005 Input-Output Tables [R]. Bank of Japan Working Paper Series, No. 09. 2009.

[251] Feldstein M. Effects of Taxes on Economic Behavior [J]. National Tax Journal, 2008, 6(1): 131-139.

[252] Drucker J, Feser E. Regional industrial structure and agglomeration

economies：An analysis of productivity in three manufacturing industries [J]. Regional Science & Urban Economics, 2015, 42 (1-2)：1-14.

[253] Todaro M P. A model of labor migration and urban unemployment in less developed countries [J]. The American economic review, 1969 (1)：138-148.

[254] Mckinnon R I. Money and Capital in Economic Development [J]. American Political Science Review, 1973, 68 (4)：1822-1824.

[255] Lucas R E. On The Mechanics of Economic Development [J]. Journal of Monetary Economics, 1989, 22 (1)：3-42.

[256] Merton R C. Financial Innovation and Economic Performance [J]. Journal of Applied Corporate Finance, 1992, 4 (4)：12-22.

[257] Aghion P, Bolton P. A Theory of Trickle-Down Growth and Development [J]. Review of Economic Studies, 1997 (2)：151-172.

[258] Devaney M, Weber B. Local characteristics, contestability, and the dynamic structure of rural banking：A market study [J]. Quarterly Review of Economics & Finance, 1995, 35 (3)：271-287.

[259] Grant W, MacNamara A. The relationship between bankers and farmers：An analysis of Britain and Ireland [J]. Journal of Rural Studies, 1996, 12 (4)：27-437.

[260] Karras G. Economic Integration and Convergence：Lessons from Asia, Europe and Latin America [J]. Journal of Economic Integration, 1997, 12 (4)：419-432.

[261] Schabert A, Linnemann L. Optimal Government Spending and Unemployment [J]. Social Science Electronic Publishing, 2008.

[262] Madrazo B, Kempen R V. Explaining divided cities in China [J]. Geoforum, 2012, 43 (1)：158-168.

[263] Takahashi T. On the optimal policy of infrastructure provision across regions [J]. Regional Science & Urban Economics, 1998, 28 (2)：213-235.

[264] Merton R C. Financial Innovation and the Management and Regulation of Financial Institutions [J]. Journal of Banking and Finance, 1995, 19 (3)：461-482.

[265] Levine R. Financial Development and Economic Growth：Views and Agend [J]. Journal of Economic Literature, 1997, (35)：688-726.

[266] Keynes J M. The General Theory of Employment [J]. Quarterly Journal of Economics, 1937 (2): 209-223.

[267] Goldsmith R. Financial Structure and Economic Development [J]. New Haven: Yale University Press, 1969.

[268] Mckinnon R I. Financial Growth and Macroeconomic Stability in China, 1978-1992: Implications for Russia and Other Transitional Economies [J]. Journal of Comparative Economics, 1994, 18 (3): 438-469.

[269] Greenwood J, Jovanovic B. Financial Development, Growth and the Distribution of Income [J]. Journal of Political Economy, 1990, 98 (5): 1076-1107.

[270] Aghion P, Bacchetta P, Ranciere R, Rogoff K. Exchange Rate Volatility and Productivity Growth: The Role of Financial Development [J]. Journal of Monetary Economics, 2009, 56 (4): 494-513.

[271] Galor O, Zeira J. Income Distribution and Macroeconomics [J]. Review of Economic Studies, 1993, 60 (1): 35-52.

[272] Matsuyama K. Endogenous inequality [J]. Review of Economic Studies, 2000, 67 (4): 743-759.

[273] Maurer N, Haber S. Related Lending and Economic Perfomance: Evidence from Mexico [J]. Journal of Economic History, 2007, 67 (3): 551-581.

[274] Banerjee A V, Newman A F. Occupational Choice and the Process of Development [J]. Journal of Political Economy, 1993, 101 (2): 274-298.

[275] Clarke G, Xu L C, Zou H F. Finance and Income Inequality: Test of Alternative Theories [R]. World Bank Policy Research Working Paper 2984, March, 2003.

[276] Beck T, Demirguc-Kunt A, Levine R. Finance, inequality, and poverty: cross country evidence [R]. NBER Working Paper, No 10979, 2004.

[277] Bencivenga V R, Smith B D. Financial Intermediation and Endogenous Growth [J]. Review of Economic Studies, 1991, 58 (2): 195-209.

[278] Harrod R F. Modern Population Trends [J]. Manchester School, University of Manchester, 1939, 10 (1): 1-20.

[279] Domar E D. Capital Expansion, Rate of Growth and Employ- ment [J]. Econometrica, 1946 (14): 137-147.

［280］Schultz T W. Economics and the Social Sciences: Transforming Traditional Agriculture［J］. Science, 1964b: 144.

［281］Schultz T W. Allocation Efficiency in a Traditional Indian Agriculture［J］. International Economics Policies & Thr Theoretical Foundations, 1982: 125-141.

［282］Barro R J. Output effects of government purchase［J］. The Journal of Political Economy, 1981, 89 (6): 1086-1121.

［283］Aschauer D A. Fiscal policy and aggregate demand［J］. American Economic Review, 1985, 75 (1): 117-127.

［284］Ahmed S. Temporary and permanent government spending in an open economy［J］. Journal of Monetary Economics, 1986, 17: 197-224.

［285］Aschauer D A. Is Pubic Expenditure Productive?［J］. Journal of Monetary Economics, 1989 (23): 177-200.

［286］Patton M, Feng S, Davis J. Sectoral Impact of Transferring Funds from CAP Pillar I to Pillar II［J］. Agricultural and Food Economics, 2013, 31 (4): 173-232.

［287］Severini S, Tantari A. The Impact of Agricultural Policy on Farm Income Concentration: the Case of Regional Implementation of the CAP Direct Payments in Italy［J］. Agricultural Economics, 2014, 44 (3): 275-286.

［288］Lucas R E. On the mechanics of economic development［J］. Journal of monetary economics, 1988 (1): 3-42.

［289］Schultz T W. Investemtn in Human Capital［J］. Ameriean Ecnomic Review, 1961 (51): 1-17.

［290］Becker G S. Investment in Human Capital: A Theoretical Analysis ［J］. The Journal of Political Economy, 1962, 70 (5): 9-49.

［291］Romer, p. Endogenouse Technological Change［J］. Journal of Political Economy, 1990 (98): 71-102.

［292］Levine R. The Legal Environment, Banks, and Long-Run Economic Growth［J］. Journal of Money Credit and Banking, 1998, 30 (3): 596-613.

［293］Devereux M, Smith G. International Risk Sharing and Economic Growth［J］. International Economic Review, 1994 (35): 535-550.

［294］Gregorio D. Borrowing Constraints, Human Capital Accumu lation and Growth [J]. Journal of Monetary conomics, 1996 (37): 49-71.

[295] Cooley T, Smith B. Finaneial Markets, Speeialization, and learning by Doing [J]. Reseacrh in Ecnoimics, 1998, 52 (4): 333-361.

[296] Gregorio D, S-Jik Kim. Credit Markets, Growth and Economic Growth [J]. International Economic Review, 2000 (3): 579-607.

[297] Rashmi Umesh Arora. Financial Inclusion and Human Capital in Developing Asia: the Australian connection [J]. Third World Quarterly, 2012 (1): 179-199.

[298] Mineer, J. Schooling, Experience and Earning, National Bureau of Eeonomic Research [M]. Chicago: Univercity of Chicago Press, 1974.

[299] Sanjay Pradhan. Evaluating public spending: a framework for public expenditure reviews Washington [J]. DC: World Bank, 1996, 56-57.

[300] Schindler D, Yang H. Catalysts for Social Insurance: Education subsidies versus physical Capital Taxation [J]. International Tax & Public Finance, 2015, 22 (2): 1-37.

[301] Bas Jacobs. Public Finance and Human Capital [J]. Scholar research seminar, Amsterdam, 2000, 34-41.

[302] Barbaro. The Combined Effect of Taxation and Sulasidization on Human Capital Investment [R]. Llniveusity of Geottinger Discussion paper No. 116, 2003.

[303] Lucas, R E. Supply-side Economics: An Analytical Review [J]. Oxford Economic Papers1990, 42 (2): 293-316.

[304] Lewis C A. Agricultural History Review [J]. Nature, 1954, 22 (2): 139-191.

[305] Fei J, Ranis G. Development of the Labor Surplus Economy: Theory and Policy [J]. The Economic Journal, 1967, 77 (306): 480-482.

[306] Schultz T W. Transforming Traditional Agriculture: Reply [J]. American Journal of Agricultural Economics, 1966, 48 (4): 1015-1018.

[307] Leibenstein H. Book Reviews: Economic Backwardness and Economic Growth. Studies in the Theory of Economic Development [J]. Population (French Edition), 1957, 126 (1): 1349-1350.

[308] Rosenstein and Rodan P N. Problems of Industrialization of Eastern and South-Eastern Europe [J]. The Economic Journal, 1943 (53): 202-213.

［309］Nurkse R. Problems of Capital Formation in Underdeveloped Countries［J］. The Economic Journal, 1953, 63（252）.

［310］Hirschman A O. The Strategy of Economic Development［M］. New Haven: Yale University Press, 1960: 87-98.

［311］Perroux F. Leading Industries and Planning of Economic Growth［J］. On Political Economy and Econometrics, 1965: 498-499.

［312］Friedman J. Regional Development Policy: A case study of Venezuela［J］. Mass: MIT Press, 1966, （23）: 279.

［313］Williamson J G. Regional inequalities and the process of national development［J］. Economic Development and Cul-tural Change, 1965（13）: 1-84.

［314］Kuznets S. Population and development in perspective. Population trends and modern economic growth: notes towards a historical perspective［R］ // Background paper prepared for the World Population Conference, Bucharest, Romania, 1974: 19-30.

［315］Friedmann J, Stöhr W. The uses of regional science: Policy planning in Chile［J］. 1967, 18（1）: 207-222.

［316］Friedmann J. The World City Hypothesis［J］. Development and Change, 2008, 17（1）: 69-83.

［317］Park S O, Markusen A. Generalizing new industrial districts: a theoretical agenda and an application from a non-western economy［J］. Environment and planning A, 1995, 27（1）: 81-104.

［318］Poterba, J. M. The Political Economy of Public Education［J］. Journal of Policy Analysis and Management, 1997, 16（1）: 48-66.

［319］Marshall A. The Principles of Economics［J］. History of Economic Thought Books, 1992.

［320］Romer P M. Increasing Returns andLong-run Growth［J］. The Journal of Political Economy, 1986（94）: 1002-1037.

［321］Brandt L, Hsieh C T, Zhu X D. China's Great Economic Transformation［M］. Cambridge: Cambridge University Press, 2008.

［322］Merton R C, Bodie Z. The Design of Financial Systems: Towards a Synthesis of Function and Structure［J］. SSRN Electronic Journal, 2004, 3（10620）: 1388-1389.

［323］Levine R. Bank-Based or Market-Based Financial Systems: Which

Is Better? [J]. Journal of Financial Intermediation, 2002, 11 (4): 398-428.

[324] Levine Ross and Renelt, David. A sensitivity analysis of cross-country growth growth regressions [J]. American Economic Review, 1992, 82 (4): 942-963.

[325] Townsend R M, Ueda K. Financial deepening, inequality, and growth: A model based quantitative evaluation [J]. Review of Economic Studies, 2006, 73 (1): 251-293.

[326] Bodie Z, Marcus A J, Merton R C. Defined Benefit Versus Defined Contribution Pension Plans: What are the Real Tradeoffs? [J]. Nber Chapters, 2000, 23 (3): 49-56.

[327] Gregorio J D. University of Chile Financial integration, financial development and economic growth [J]. Estudios De Economia, 1999, 26 (2): 137-161.

[328] Cooley T, Smith B. Finaneial Markets, Speeialization, and learning by Doing [J]. Reseacrh in Ecnoimics, 1998, 52 (4): 333-361.

[329] Geddes P. An Analysis of the Principles of Economics [J]. Proceedings of the Royal Society of Edinburgh, 1884 (12): 943-980.

[330] Heady E O, Dillon J L. Agricultural production funcitons [J]. the Iow State University Prees, 1961.

[331] González A, Teräsvirta T, Dijk D V. Panel Smooth Transition Regression Model and an Application to Investment under Credit Constraints [R]. Working Paper, Stockholm Schoolof Economics, 2004.

[332] Hansen B E. Threshold Effects in Nondynamic Panels, Estimation, Testing and Inference [J]. Journal of Econometrics, 1999, 93 (2): 345-368.

[333] Hansen B E. Sample Splitting and Threshold Estimation [J]. Econometrica, 2000, 68 (3): 575-603.

[334] Granger C, Terasvirta T. Modelling nonlinear Economic Relationships, Chinese edition [J]. Timo Teräsvirta, 1995, 61 (4): 576.

[335] Teräsvirta T. Contrastes de linealidady Modelización de series Temporales no lineales [J]. Cuadernos Económicos De Ice, 1994: 29-42.

[336] Jansen E S, Tersvirta T. Testing Parameter Constancy and super Exogeneity in Econometric Equations [J]. Oxford Bulletin of Economics and

Statistics, 1996, 58 (4): 735-763.

[337] Webb I P. The effect of banking and insurance on the growth of capital and output [D]. Athens: Georgia State University, 2000.

[338] Mishra C S, Nielsen J F. Board Independence and Compensation Policies in Large Bank Holding Companies [J]. Financial Management Association, 2000, 29 (3): 51-69.

[339] Webb I, Grace M F, Skipper H D. The Effect of Banking and Insurance on the Growth of Capital and Output [J]. Center for Risk Management and Insurance, Working Paper, 2002.

[340] Barro R J, Lee J W. International Measures of Schooling Years and Schooling Quality [J]. American Economic Review, 1996, 86 (2).

[341] González A, Teräsvirta T, Dijk van D. Panel smooth transition regression models [R]. SSE/ EFI Working Paper Series in Economics and Finance, No. 604, 2005.

[342] Colletaz G, Hurlin C. Threshold Effects of the Public Capital Productivity: An International Panel Smooth Transition Approach [J]. LEO Working Papers / DR LEO, 2006.

[343] Colletaz G, Hurlin C, Perignon C. The Risk Map: A New Tool for Validating Risk Models [J]. Social Science Electronic Publishing, 2013, 37 (10): 3843-3854.

[344] Goffe W L, Ferrier G D, Rogers J. Programme to " Global Optimization of Statistical Functions with Simulated Annealing " [J]. Fortran Codes, 1994, 60 (1-2): 65-99.

[345] Brooks S. Bayesian Data Analysis [J]. Journal of the Royal Statistical Society: Series D (The Statistician), 1996, 45 (2): 266-267.

后　记

　　呈现在广大读者面前的这本专著源于我的博士后工作报告，也是我在中央财经大学经济学院博士后流动站期间从事研究工作的主要成果之一。从报告的开题到完成答辩乃至如今成书，弹指间已过去五个年头。探求科学研究之路虽然艰辛，但也苦中有乐，在研究报告完成之际，感慨颇多。

　　在博士后流动站工作期间，世界正经历百年未有之大变局，全球治理体系也在发生深刻变革，国际力量对比正在发生近代以来最具革命性的变化，而自己也亲身经历世事浮沉。正如东坡先生在《西江月》中写到的"世事一场大梦，人生几度秋凉"，刚一进博士后流动站，我经历了一场大病，病痛的折磨让我以为人生大限已至。从发病，到治病再到痊愈，经历了漫长的两年多时间。紧接着，又赶上了重大事件的冲击，事业的跌宕，让自己再次认识到，往往身边真实发生的是最残酷的现实。故人突然的离世，让我感到世事无常，正如白居易《悲歌》所言，"耳畔频闻故人死，眼前唯觉少年多"。伤感之余，更多的是怅然和寥落的心情。面对疫情，依然坚守岗位，认真履职，结局却是一场悲歌。510多年前，在一个仲夏之夜，一位哲人在山洞的石棺里放声长啸，照破山河万朵，至此大彻大悟。510年以后的此时，我终于明白，只有涅槃，才能重生。原来"万物在心，万物皆空；从心而过，不留痕迹"。在日月升降、寒暑交替的岁月，能够亲身体会人间冷暖、世态炎凉，细品特定人生的酸苦之后，还能趋于平静，这不就是禅宗的境界吗？体验了大起大落，才能懂得人生。能够抛弃一切恩怨，原谅那些曾经伤害过自己的人，不是懦弱，而是懂得。芸芸众生中，遇见的每个人皆是缘。之所以选择宽恕，是因为懂得。世间没有什么放不下的，苦难之后依然是苦难。但是，经历沧桑，依然还能站在这里，安静地看着落日余晖，从容地等待崭新晨曦。我要感谢上苍，能够让我重新认识这个世界，也能够让我的思想得到升华，这辈子也算没有白白经过。

　　说了这么多，只是在本书即将付梓之际，自己油然而生发出的感慨。

时光荏苒，白驹过隙。回首在中央财经大学的工作和生活，许多老师的支持和关心是我战胜困难和挫折的动力。每当我懈怠或偷懒时，大家对我进行帮助的情形浮现在我的脑海中，激励我振作起来，继续前行。在博士后流动站工作期间，我成果满满，收获颇丰。我出版了《小微贷款客户经理工作绩效系统性研究》一书，《县域经济发展中的宏观政策微观效应研究》也即将出版。我在学术期刊上先后发表了五篇学术论文，其中四篇发表于核心期刊（CSSCI）。

首先，我要感谢我的合作导师张铁钢教授。进入中央财经大学博士后流动站后我有幸追随张老师从事理论经济学的研究工作。张老师学识渊博、思想睿智，尤其是他的包容胸怀能够接纳我与他的分歧。每次的会面交流，我都受益匪浅。张老师深厚的理论功底和独特的经济学视角，总能够让我拨云见雾、重见晴空。真诚感谢张老师，带我走进政治经济学领域，感知理论经济学的奇妙，领略宏、微观经济学的世界，引导我深入研究县域经济发展。

同时，我也有缘结识了经济学院很多其他老师。在此，我诚挚地感谢李涛教授、王柯敬教授、齐兰教授、蒋选教授和张志明教授。在开题、中期和答辩之时，他们就科研报告的研究设想和工作计划提出很好的建设性意见，这对于我的科研工作顺利开展和取得研究成果非常重要。虽然在博士后流动站见面不多，但是经济学院的老师们在科学领域臻于至善的理念、求真求实的精神和严谨治学的态度，使我终身受益。这也是我能在思想境界上不断提升、攻克各种难关的原因。我要"常保此三镜，以防己过"。再次表示敬意和祝福。感谢谭小芬教授，当我处于人生低谷时，谭老师给予我无私的帮助。其严谨的工作风格和真诚的待人之道，使我铭刻在心。

我也要表达对很多人的感激之情，他们是我的师长、学友和同事。有我在内蒙古工业大学致力于第二学士学位和硕士学位学习时的长青老师、清河老师和孙德志老师；也有我在大连理工大学攻读博士学位时的陈树文老师、苏敬勤老师、汪克夷老师、武春友老师和匡海波教授；还有罗显华教授、苏木亚教授和郝根旗；有我最钦佩的企业家网库集团的董事长王海波先生、中科金财科技公司的总经理沈飒女士，以及从事饲料行业的周建先生。虽然平时联系很少，但大家一直关注我的发展，关心我的处境。

衷心感谢我的慈母和父亲，恩泽之情是我进取的永恒动力。无论我走到哪里，母亲发病时的目光、年迈父亲的背影，一幕幕在脑海里闪过。他们对我的期望，是我一生拥有的最宝贵的财富，他们无私的爱，永远是我

163

勇往前行的动力源泉。

感谢我的女儿刘槿葳同学。每每我的研究遇到瓶颈时，都能收到来自女儿遥远的祝福。女儿在成长过程中，父女聚少离多。有一天，蓦然一惊，女儿已经长大了，叹息岁月流逝之余，愧疚之情油然而生。每当看到女儿健康成长和进步，都让我感到非常欣慰。感谢我的妻子贾芳女士。当我处于逆境时，她能相濡以沫，默默守候岁月的流逝，这不也是禅宗追求的"平常道"吗？正是她的善解人意和辛劳付出，让我能在学术的海洋里扬帆起航，收获学术成果。妻子嫁给我已经二十载，我将此书作为20年"瓷婚"礼物呈送给她。

记得一位经济学前辈曾经说过，"做学问要找重要的问题入手。生命短暂，人的创作期更短。如果在不重要的问题上下功夫，那就断送了学术生涯"。县域经济发展研究内涵丰富，对于全面实施乡村振兴战略，巩固拓展脱贫攻坚成果和农民增收具有重大意义。由于本人科研水平有限，虽然经过了较为艰苦的努力，但研究的成果仅仅是初步的，仍然存在不少错误。书中所有不当观点，均由我承担责任，敬请学术界同仁批评指正。"归志宁无五亩园，读书本意在元元。灯前目力虽非昔，犹课蝇头二万言。"最后，谨以南宋诗人陆放翁的这首《读书》七绝自勉，并结束本书的写作。

刘洛

2021 年 6 月 20 日

于中央财经大学经济学院